Dietmar Mieth

Das gläserne Glück der Liebe

HERDER / SPEKTRUM

Band 4063

Das Buch

Die Liebe ist stark und zerbrechlich zugleich. Sie ist der Gipfel unserer Sehnsucht nach einem glücklichen Leben. So einzigartig sie ist: immer steht sie unter Spannungen. Vieles kommt ihr quer und stört ihr Gelingen: die Last der eigenen Geschichte, Prägungen von Tradition und Erziehung, neue Abhängigkeiten einer nur scheinbar freien Gesellschaft. Dietmar Mieth zeigt, wie kulturelle Muster in Beziehungen wirksam werden, wie unser Verhalten vorgeformt wird – und er weist damit den Weg, eine wirklich individuelle Partnerschaft zu gestalten, in der beide frei sein und sich in Liebe „tragen" können. Der Widerstreit zwischen Eros und gefühlter Verpflichtung, zwischen der Möglichkeit des Scheiterns und der neuen Entdeckung von Gemeinsamkeiten, zwischen der Entscheidung, zusammenzuleben oder sich zu trennen: Das sind Konflikte der Liebe, die durchgestanden werden wollen, um offen zu sein für ein Glück, in dem die Liebe zart und ganz sein kann.

Der Autor

Dietmar Mieth ist Professor für Sozialethik an der Universität Tübingen. Autor zahlreicher Publikationen. Zuletzt bei Herder / Spektrum zusammen mit Irene Mieth: Schwangerschaftsabbruch. Die Herausforderung und die Alternativen (4016).

Dietmar Mieth

Das gläserne Glück der Liebe

Herder

Freiburg · Basel · Wien

Originalausgabe

Alle Rechte vorbehalten – Printed in Germany
© Verlag Herder Freiburg im Breisgau
Technische Herstellung: Freiburger Graphische Betriebe
Umschlaggestaltung: Joseph Pölzelbauer
Umschlagmotiv: Otto Mueller, Liebespaar (Ausschnitt) 1919,
© VG Bild-Kunst, Bonn 1992
ISBN 3-451-4063-8

Inhalt

Das gläserne Glück

Die Herstellung des Glases begleitet die Entstehung unseres kulturellen Raumes um das Mittelmeer und in Europa. Mit der Schrift und mit den ersten Glasrezepten (aus Mesopotamien) haben wir auch die ersten Zeugnisse von der Liebeskultur. Die Begegnung der Liebenden, die sich in ihrer komplexen Anziehung durch Sinne, Gefühl und Geist hindurchzieht, ließ sich zu keiner Zeit ganz in die Formen gießen, die gesellschaftliche Ordnungen und ihre religiösen Überbauten für sie bereithielten. Immer wieder blieben nicht erfaßte Kräfte dieser Anziehungskraft frei schwebend, Ursache von mehr Glücken oder mehr Leiden, von Subkulturen und kultureller Veränderung.

Glas, ein Wort, das aus dem Bereich des Glänzens, Leuchtens und Schimmerns stammt, ein vielfältiges Kulturerzeugnis zum Gebrauch, zum Luxus und für die Kunst, vereint in sich Festigkeit, Spannung und Zerbrechlichkeit. Stärke mit Feinheit, Massivität mit Subtilität zu verbinden, dafür kann Glas als Sinnbild oder Metapher dienen. Durchsichtigkeit und Spiegelung, Klarheit und Täuschung, Vermittler von Licht und Wärme, ist Glas in die Sprache des Glückes und der Liebe als Bild für die Gegensätzlichkeit und Gegenwendigkeit bei einem Höchstmaß effektvoller und anziehender Reizmuster eingewandert.

Aus Glas werden Perlen und Tränen gemacht. Glastränen entstehen durch Eingießen von flüssigen Glastropfen in Wasser. Es sind tropfenförmige Gebilde mit hoher Druckspannung in der Oberfläche und Zugspannung im Kern. Sie zerfallen in feine Teilchen, wenn das Spannungsgleichgewicht durch Abbrechen der Spitze oder durch Anritzen gestört wird.

Liebe ist, wenn sie den Namen verdient, fest und störanfällig zugleich. Denn Liebe ist ebenfalls eine Spannungseinheit: ihr Gebilde braucht die Spannung, die sie zugleich gefährdet, aber ohne diese Spannung hätte sie keine Festigkeit und bliebe so flüssig, daß sie ihre Einzigartigkeit nicht hervorheben und bezeugen könnte. Gewiß haben die gläsernen Bilder ihre Grenzen. Wer die Vielfalt menschlicher Ausdrucksformen in der Dichtung kennt, weiß, daß die Bildzeichen der Liebe unter den Blumen im Lotus bzw. in der Rose und in der Tierwelt im mythischen weißen Einhorn gipfeln. In diesem Buch geht es um die Spannungseinheit des Liebesglückes, an der so viele Sehnsüchte hängen, denen mit bloßen Vorschriften nicht gedient ist.

1. Von der Kunst und der Gefährdung der Liebe

Auf der Suche nach der Form

Vor einiger Zeit veröffentlichte eine Jugendzeitschrift einige Geschichten, die Jugendliche von ihren Liebesbeziehungen erzählten. Dabei fiel mir auf, daß in all diesen Geschichten die Erlebnisse und die Wünsche nicht übereinstimmten oder vielmehr: daß es offensichtlich eine Zeit braucht, bis das Gefühl der Übereinstimmung und Gemeinsamkeit entstehen kann. Es braucht auch Zeit, bis man den in der Gesellschaft dominierenden Klischees der Vorstellung über die Liebe entkommt.

Schon vor über 750 Jahren hat der Dichter Gottfried von Straßburg, dem wir eine der schönsten Gestaltungen der Geschichte von Tristan und Isolde verdanken, beklagt, daß die Liebe „verwortet und vernamet" sei, daß das Wort „auf der Straße zertreten" werde, daß es „allgemein käuflich" sei. Er meinte damit keineswegs käufliche Liebesbeziehungen, sondern die Unfähigkeit zu tieferer Liebeserfahrung, die von der Gleichwertigkeit der Einfühlung von Mann und Frau ausgeht. Denn Liebe, so sagt der zeitgenössische Literat Peter Handke, ist „das Gefühl für die Gestalt des anderen". Aus einem solchen Gefühl entstehen Annahme, Geborgenheit, Zutrauen und Freude an der Gemeinsamkeit.

Wer Liebe sucht, der sucht offensichtlich mehr als den schönen Augenblick oder die kurze Ekstase, er sucht nach einer *Form* der Beziehung. Er sucht mehr als die Liebe, die auch „oft nur benutzt wird, um die Folgen des Fortschritts zu ertragen" (Karin Struck). *Denn das Natürliche der Liebe ist die Form, in der sie zu sich selber finden kann.* Früher war die Form das Vorgebene: der Übergang von einer Familie in die andere Familie, vom Elternhaus bei der Frau, von der beruflichen Lernzeit beim Mann in die Familiengründung. Mit ein wenig Übertreibung kann man sagen: die Zeit der Beziehung war ein Übergang, das Bleibende der Beziehung ein schmückendes Ornament der Familie, die in ihrer festen Form ruhte. Das alles ist heute anders, nicht leichter, nicht schwerer, aber doch anders. Nicht die Form ist auf der Suche nach der *Liebe,* sondern die Liebe ist auf der Suche nach ihrer *Form.*

„Nicht kontinuierlich lieben zu können entspringt einem Mangel an Form", läßt Karin Struck ihre Heldin Lotte nachsinnen. Die Literatur, die uns dabei hilft, Erlebnisse zur Erfahrung aufzuschließen, mündet immer wieder in diese Frage nach der Form: Ingeborg Bachmann, Peter Handke oder Botho Strauß stehen dafür. Aber die Literatur weiß keine Antwort auf diese Frage. Warum? Offensichtlich fällt es den Menschen heute schwer, eine Form als allgemeingültig anzuerkennen. Dies gilt auch dann, wenn die Ehe als Lebensform der Liebe anerkannt wird, denn die Gestalten der Ehe sind so vielfältig geworden wie die Gestalten der Beziehungen.

Die vielen Formen von Beziehungen, die man heute „Ehe ohne Trauschein" nennt, unterscheiden sich, wie die Psychologen sagen, in ihrer Wirklichkeit als Beziehung gar nicht so sehr von den vielen Formen, in denen die Ehe gelebt wird: als „offene Ehe", als Ehe auf Probe oder auf Zeit, als Ehe um der Kinder willen und viele andere Gestalten mehr.

Die Frage nach der Form, die die Liebesbeziehung dauern und gelingen läßt, steht heute in der Konkurrenz der Vielfalt der Entwürfe und Beziehungsmuster. Es ist etwas anderes, so sagte eine Analyse der Beziehungsphantasien von Verena Kast, ob man sich gegenseitig gehören oder einander bilden will, ob seitens des Mannes etwa eher die mütterliche Geliebte oder das belebende junge Mädchen gesucht werden, ob Rivalität wie bei Hera und Zeus oder Solidarität wie bei Sulamit und Salomo im Hohen Lied des Alten Testamentes das Muster bestimmen. Und auch die Geschichten der Liebe haben ganz verschiedene Muster. Fast scheint es, als wolle heute *jede* Liebe nach der Eigenart ihrer Entstehung und ihres Beziehungsmusters auch ihre Form jeweils selbst und jeweils *neu* bestimmen. Ist das so falsch? fragen die einen; ist das selbstverständlich, gibt es nicht auch „Muster ohne Wert"? so wenden die anderen dagegen ein.

Eines aber wissen wir doch: wo es in einer Beziehung ums Ganze der beiden liebenden Menschen geht, da geht es auch aufs Ganze ihrer Person und damit ihrer Zeit. Jede Form der Liebesbeziehung wird sich daran prüfen lassen müssen, ob sie die Rückhaltlosigkeit und Vorbehaltlosigkeit miteinander formen will, in der Liebe erst angstfrei sie selber sein kann.

Warum genügt nicht *eine* Form der Liebesbeziehung? Weil auf dem Wege von der geschlossenen zur offenen Gesellschaft Sinn immer mehr als etwas erscheint, das wir dem Leben selbst geben, das sich für uns in einer aufbauenden Koordination einzelner Momente zusammenfügt, die, wie man heute in Angleichung an das Angelsächsische sagt, Sinn „machen".

Die Verschiedenheit der Lebenssituationen, z. B. Anforderungen beruflicher Mobilität oder des beruflichen Aufstieges, Beschränkung oder Erweiterung von ökonomischen Möglichkeiten, Phasen der eigenen Entwicklung auf einer Lebensbahn, die gegenüber früheren Zeiten auf zweieinhalb Generationen (75 Jahre) angewachsen ist, der Wandel im Selbstverständnis der Frauen, die im Dasein als Mutter nicht allein die Erfüllung finden – das alles hat die Formen der Liebesbeziehung vielfältiger, variabler und veränderbar gemacht. Dies nicht wahrnehmen zu wollen, hieße, die Wirklichkeit zu überspringen. Die integrierende Figur für intensive Liebesbeziehungen ist also nicht die einheitliche Gestalt, sondern die Suche nach der Form für den anfordernden und realisierbaren Sinn der Beziehung. Dabei ist nicht zu vergessen, daß es solche Form-Variationen auch früher gab, sei es für die Privilegierten der Gesellschaft, sei es für die Underdogs, die nicht heiraten konnten. Die geschlossene Gesellschaft war nicht in dem Sinne geschlossen, daß die Realität in eine einzige Form paßte, sondern in dem Sinne, daß eine Form die *Bewertung* der Realität, auch der abweichenden Realitäten bestimmte.

Welche Formen für die Liebesbeziehung gibt es heute? Es gibt das Zusammenziehen auf Probe, es gibt das Zusammenleben ohne institutionelle Bindung, es gibt die Ehe ohne Einschluß der Verantwortung vor einem Dritten, es gibt die als unauflöslich verstandene Ehe, es gibt die Zweitehe. Die Umschreibung von fünf Formen ist vielleicht nicht ausreichend, wenn man die Variationen einbezieht, aber sie ist zureichend, um die Einstellung zu verschiedenen Formen zu prüfen.

Die experimentelle Form, das Zusammenziehen auf Probe, enthält noch wenige formende Elemente. Sie entspringt möglicherweise Bedürfnis und Gelegenheit. Doch geschieht hier ein Sprung in alltägliche Bindungen, die sich nicht auf gemeinsames Genießen von Freizeit, Abenteuer und lustvoller Begegnung reduzieren lassen. In dem Augenblick, in dem die Form ergriffen wird, greift sie auch schon um sich und beginnt, diese Beziehung mitzugestalten. Das Vorbehaltliche der experimentellen Form provoziert den Einwand, daß Menschen einander nicht gewichtig genug nehmen und daß sie Scheidensmöglichkeiten und Risiken nicht genügend bedenken, wenn sie sich bloß probeweise aufeinander einlassen. Aber es ist auf der anderen Seite zu bedenken, daß möglicherweise mehr Potential hinter dieser Initiative zur Formung des alltäglichen Miteinanders, der gegenseitigen Rücksicht und Fürsorge steht, als in der Entscheidung selbst schon sichtbar wird.

Nimmt das Vorbehaltliche des Experimentes ab, dann entsteht eine Beziehung, die mehr ist als eine erweiterte gegenseitige „Begleitung". Ihre inneren Bindungskräfte sind, psychologisch gesehen, kaum schwächer als in einer Ehe, wenn auch in dieser der ethische Wille zueinander in stärkerer Form zum Ausdruck kommt. Daß diese Beziehungsform heute fast durchweg als Durchgangsstadium eine bedeutende Rolle spielt, ergibt sich aus einem größeren Zutrauen in das Ich-Du-Verhältnis als in den äußerlich verstandenen Rahmen. Nicht die Institution soll uns, sondern wir sollen uns tragen. In dieser Form wird, ethisch gesehen, etwas Gewichtiges eingeübt: die Selbstverantwortung und die Abhängigkeit bis zur tieferen Verletzlichkeit von einem Du. Diese Art der Verantwortung ist nicht die Verantwortung vor einem Dritten, vor Eltern, Staat oder Kirche, die früher als Verantwortung vor der Institution verstanden wurde und die Verantwortung in und auf Gegenseitigkeit oft nur ungenügend aufkommen ließ. Wer sich auf der Institution abstützt, sieht vielleicht im entscheidenden Moment weder die eigene Person noch die des anderen mit der notwendigen Sensibilität.

Gerade in der heute dominierenden Ehe als „modernen Ehe" (s. u. Kap. 6) wird das Institutionelle wohl in erster Linie als Konsens über die Absicht gesehen, das ganze Leben zusammenzubleiben. Eine dritte Kraft, die eine Ehe möglicherweise auch dann zusammenhalten könnte, wenn die Verantwortung gegenüber den beteiligten Personen, dem Ich und dem Du, dies nicht mehr vermag, ist damit abgelehnt. Funktional betrachtet, vermögen gemeinsame Kinder solch ein Element einer zusammenhaltenden dritten Kraft zu verstärken. Doch Kinder sind sensible Personen. Und sie können nicht nur unter Trennungen, sondern auch unter mißlichem Zusammenleben leiden. Daher ist ein öffentlicher Ich-Du-Konsens als Form der Ehe nur scheinbar kinderunfreundlich.

Die traditionelle Form der unauflöslichen Einehe unterscheidet sich von der Lebensform der Beziehung durch zwei Dinge: durch das Vertrauen auf eine „dritte" Kraft und durch das Bekenntnis bzw. die Bereitschaft, diese Lebensform zu Lebzeiten des Partners nicht mit einem anderen zu erneuern; der Ausschluß nicht der „Scheidung" im Sinne einer unvermeidlichen Trennung, aber der Wiederverheiratung. Das bedeutet kein Urteil über Zweitehen, sondern das Sich-Einlassen auf eine Form, in welcher diese für einen möglichen Lebensplan zum Zeitpunkt der ersten festen Bindung jedenfalls keine Rolle spielen. Die „dritte Kraft" kann die Verläßlichkeit innerweltlicher Ordnung sein, aber auch das Vertrauen auf die Gnade Gottes, aus der heraus die Ehe als „Heilszeichen" (Sakrament) angenommen und gelebt wird. Ich und Du sind hier nicht allein. Die Form kann auch nicht auf das Vorhandensein zweier für sich existierender „Iche" zurückgeführt werden.

Das Vertrauen auf ein Drittes ist stärkend, aber nicht unproblematisch. Einerseits enthält es entlastende Momente und Einsicht in menschliche Schwäche und Unzulänglichkeit. Man will nicht einfach auf sich selber bauen oder sich in der Kraft des geliebten Du abstützen. Auf der anderen Seite kann das Dritte, wie dies der Maler Paul Klee einmal dargestellt hat, zu einem belastenden

„Wortpaket" werden, unter dem beide in die Knie gehen, ohne davon befreit und erhoben zu werden.

Eine Liebesethik verwirft keine der beiden Formen, sondern öffnet sie füreinander, damit sie voneinander lernen können. Im Gegensatz zur institutionellen Form traditioneller Prägung gibt es heute die individuellen Formen der Beziehung und ebenso individuelle Formen der Ehe. Die Institution ist jedoch nicht tot, sondern sie bildet einen dialektischen Gegenhalt zu den individuellen Formgebungen. Formsuche zwischen der konkreten Besonderheit der Beziehung und der Allgemeinheit der Rahmenbedingungen ist eine reizvolle Aufgabe. Sie wird auch dadurch nicht hinfällig, daß man an der Ehe im Zeichen einer dritten Kraft und einer stabilen Wir-Intention festhält. Die Formsuche vermag das Eheethos zu gefährden, aber sie vermag es auch zu verlebendigen, indem die Wirklichkeit eines unauswechselbaren „Ich" und eines unauswechselbaren „Du" nicht übersprungen werden darf und unhintergehbar bleibt. So bildet die Person die Grenze der Form: Die Ordnung der Sache zählt niemals soviel wie Leiden und Gelingen der betroffenen Personen.

Haben und Besitzen wollen

„Wir sind. Aber wir haben uns nicht. Darum werden wir erst." (Ernst Bloch)

„Wir sind niemals, was wir haben." (Jacques Lacan)

„Haben oder Sein?" (Erich Fromm)

„Haben, als hätten wir nicht." (Paulus)

Viele Philosophen haben sich Gedanken um das „Haben" als problematische Existenzform gemacht. Gerade in der Liebe rückt dieses Haben als Begehren und Besitzenwollen gern in den Mittelpunkt. Der Kampf gegen dieses Streben und damit gegen die eigene Unterwerfung unter diesen Trieb oder gegen die Unterwerfung des anderen unter meinen Besitzwillen führte in der Geschichte oft zum Verzicht und zur Loslösung von der geschlechtlichen Liebe überhaupt. Es geht darum, hier das menschliche Maß zu finden: Integrierung dieses Strebens durch Distanz zu sich selbst und durch zwischenmenschliche Verantwortung.

Die Menschen erzählen sich Ketten von Geschichten, in denen das Sammeln, Haben und Versorgen als vernünftiges Programm des Lebens erscheint. Lafontaine hat dies in die Fabel „Die Grille und die Ameise" gefaßt. Die fleißige Ameise kommt besser weg als die Grille, der Musikant, der in den Tag hinein lebt. Ähnlich geht es zu in der Geschichte vom Hamster und der Maus, die Manfred Kyber erzählt: Die Maus stellt dem besitzgierigen Hamster eine Falle und plündert dann seine Speicher aus.

Aber es gibt auch eine andere Erzähltradition. In der Romantik wird sie wiederentdeckt. Eichendorff erzählt „Aus dem Leben eines Taugenichts". Nikolaus Lenaus berühmtes „Zigeunerlied" endet mit den Zeilen: „Dreifach haben sie mir's gezeigt, / wenn das Leben uns nachtet, / wie man's verraucht, verschläft und vergeigt, / und es dreimal verachtet."

Die Fleißigen gegen die Lebenskünstler: bei den einen wohnen Wohlsein und Unglück nahe beieinander, bei den anderen Entbehrung und Glück. Haben ist beschwert mit Sorge; Nicht-Haben erscheint oft wie Wandern ohne Gepäck.

Das Wandern ohne Gepäck, ohne genau zu wissen, wo man abends ein Dach über dem Kopf hat, ist auch ein Lebensstil der mediterranen Philosophen, Missionare und Mönche gewesen. Der Wirksamste unter ihnen, Jesus von Nazaret, hat im Gleichnis vom „reichen Kornbauern" die Sache auf den Punkt gebracht. Wenn seine Scheuern voll sind, will dieser sich's wohlsein lassen. „Du Tor", heißt es, „noch heute wird Gott dein Leben von dir fordern" (Lk 12,16–21).

Die prophetische Unheilsrede gegenüber der Lebensform des Haben- und Besitzenwollens geht in der abendländischen Mystik, welche die mediterranen Wanderungen ins Innere der meditierenden Seele verlegt, über in die Lehre von mehr Sein durch weniger Haben bzw. durch die eingeübte Distanz zum Haben, die geistige Armut. „Arm ist, wer nicht will, nicht weiß und nicht hat." (Meister Eckhart). Es geht in dieser Formel nicht um ein „Nichts" an materiellem Besitz, sondern um die Distanz zu sich selbst als haben- und besitzenwollendem Menschen, um eine Änderung des

Seins, also nicht bloß um eine äußere Veränderung des Lebens. Man soll lernen, mitten in den Dingen von diesen frei zu bleiben. Es soll einem an allen Stätten und bei allen Menschen gleich recht sein. Man soll neben den Sorgen leben, nicht die Sorgen im Herzen aufnehmen. Das ist die Lehre des Meisters, die zugleich eine Brücke baut zur Zen-Philosophie, einer Lebenskunst des „Nicht" als Kunst des Seins. Den „Wanderer ohne Gepäck" in die Tiefe der Seele zu verlegen, ist freilich keine Absage an die äußere Distanz zum Besitz. Es gibt nach dieser Tradition keine innere Armut ohne äußere Armut und ohne das, was heute „Option für die Armen" genannt wird. Freilich ist hier mit Robert Musil davor zu warnen, daß man bloß „für" etwas ist, statt darin zu leben. Eine Existenz „für" das Gute und Richtige bleibt doch eine bloß abgeleitete Existenz. Besser als eine „Option für ..." ist ein „Leben mit ..."

Das Ideal der äußeren Armut bleibt in der inneren Einstellungsänderung zum Haben- und Besitzenwollen enthalten. Und doch ist ein Weg von der Prophetie zur Mystik zurückgelegt worden, von der philosophischen Lebensform eines Diogenes und der urchristlichen Wandermissionare bis zu einer Lebenslehre, die die Kunst des Seins gerade *in* allen Lebensweisen und *durch* diese hindurch begreift. Das heißt, ganz *in* der Welt zu sein und sich doch nicht ihren Gesetzen auszuliefern. Dies wird möglich durch die Entdeckung der Freiheit und Unfreiheit des Willens, über die seit dem ersten großen Psychologen des Abendlandes, Augustinus, immer wieder kontrovers nachgedacht wurde, einmal mehr in Richtung auf die Sehnsucht nach Freiheit, ein andermal mehr in die Richtung auf Anerkennung der faktischen Versklavung (Martin Luther: „Vom Sklaven-Willen"). Über die Sehnsucht nach der Freiheit in der Liebe werden wir noch nachdenken. Hier geht es um die faktische Versklavung, die in uns selber, in unserer Willensoption für das Haben und Besitzen liegt. Daß *wir* falsch wollen, ist das Problem, und wo wir falsch wollen, da werden wir enttäuscht. In der Auslieferung unseres Wollens an das Haben verwerfen wir unser Sein. Erst wenn wir das Sein an uns wirken lassen, können wir werden. Für Meister Eckhart, der das Sein Gott nennt, heißt das: „Gott wirkt, und ich werde."

Wo ist in diesem Gedanken die Rede von der Liebe? Es war die ganze Zeit von ihr die Rede, ohne daß ihr Name genannt wurde. Es tut der Liebe gut, wenn man auf jene verschwiegene Art von ihr redet, in welcher man auch von Gott reden sollte. „Gott ist Liebe", und alle Namen Gottes sind nur richtig, wenn sie sich an diesem Kriterium messen lassen. Also können wir auch im gleichen Atemzug über die irdische Liebe reden, in welchem wir über das Sein und über Gott reden. Die wahre Liebe ist die verschwiegenste Art des Seins; das wahre Sein ist die verschwiegenste Art der Liebe. Denn das erste Wort in der Entdeckung der Liebe zu einem Du ist doch ein Wort des Wollens: ich liebe dich, darum will ich dich. Lieben und Begehren scheinen so eins zu sein, wenn wir uns nicht gleich in die sublimen Formen der verzichtenden Liebe davonschleichen wollen, daß nichts widersprüchlicher erscheint als die völlige Absage an das Haben- und Besitzen-Wollen in der Liebe.

Der Ausweg einer großen Tradition, den gordischen Knoten mit dem Schwert der Trennung zwischen entsagender himmlischer Liebe und begehrlich-sündhafter Liebe, zwischen vollkommener (in der Ehelosigkeit) und gerade noch zugelassener Liebe (in der Ehe) zu zerhauen, bleibt uns verschlossen. Wir können die Kriterien traditioneller Moral nur als Selbstwiderspruch erfassen.

Wenn wir also die lebendige Überlieferung, die Kette der Geschichten, in welcher das Sein über das Haben gestellt wird, heute geltend zu machen versuchen, dann nicht durch ein Urteil über spontanes Begehren, über Haben- und Besitzenwollen als Lebensäußerung. Die Summe unserer sozialen Lebensäußerungen ist unsere Kultur, und sie enthält ein unerschöpfliches „Mehr" gegenüber den ersten Antriebsstrukturen, die unsere Selbstentdeckung als Liebende bewegen. „Das ist's nicht, Jüngling, daß du aufsangst", sagte Rainer Maria Rilke in der ihm eigenen verknappenden und „verdichtenden" Art. Das Aufsingen der Liebe ist voller Begehren. Die guten Lieder und Gedichte sind voll davon, mehr noch die schlechten. Rilke wollte sagen: wer ein gutes Gedicht über die Liebe machen will, muß erst in ihr sein, über ihre Haut hinaus in ihren Kern, in ihr Wesen vordringen.

Wir wissen doch, daß wir uns nicht selber haben können. Wir

können uns nicht in den Griff kriegen. Je mehr wir haben und besitzen, um so trauriger müssen wir darüber werden, daß dies nichts daran ändert, daß wir uns ständig über uns täuschen. Wenn wir in den Lebensstil des Habens hineingeraten, begeben wir uns auf eine lange, abenteuerliche, manchmal beglückende, aber letztlich vergebliche Reise nach uns selbst, bei der es keine Ankunft gibt und bei der – welches Paradox! – die Räume unseres Lebens immer leerer werden, je voller unsere Schränke und Keller sind. Nur wer weiß, daß er sich nicht haben kann, kann werden in Richtung auf Sein.

Dies gilt auch von der Selbstliebe, einem grundsätzlich positiven Motiv. Das „Aufsingen" der Liebe ist ja auch wesentlich eine positive Selbsterfahrung. Das Du ist eine Aufwertung des Ich: es befreit es, vertieft es, erhöht es, dehnt es aus.

Das Begehren, das Heben- und Besitzenwollen ist eine Grundmelodie menschlichen leibhaftigen Daseins. Keinesfalls ist es eine Sünde. Wer diese Melodie hinter sich läßt, verdrängt nichts Böses, sondern entfaltet etwas Gutes. Denn eine Entfaltung des Guten ist hier möglich. Wo ich im Lieben befreiter „Ich" sage, gerate ich zugleich in den Schwung, „mich" ekstatisch, d. h. hinaustreibend, zu verlassen und dem „Du" anzuhangen. Im Haben steckt schon das Verlieren. „Statt der Geber gibt es nur Verlierer an dem ungenannten Schatz." (R. M. Rilke) Aber: „Wer sein Leben verliert, wird es gewinnen" (Lk 17,33). Die Liebe läßt uns mit uns selbst aufsteigen, entfaltet unsere Selbstachtung. „Darum achte ich auf meinen Weg / und fürchte von jedem Regentropfen, / daß er mich erschlagen könnte." So Bertolt Brecht, wenn auch mit ironischem Unterton. Das Aufsingen über sich selbst ist aber zugleich der Aufbruch zum andern.

Wer vom Haben zum Sein gelangen will, muß freilich strikt bei der *Erfahrung* der Liebe bleiben, d. h. er (oder sie) muß Erleben so annehmen und aufnehmen, daß es nicht durch ideologische Muster, soziale Konventionen und eigene Vorurteile verfälscht wird. Die Fixierung seiner selbst und damit die Instrumentalisierung des Du im Haben- und Besitzen-Wollen beginnt damit, die wirklichkeits- und personennahe Erfahrung an behauptete Geltungen auszuliefern. Deshalb ist es ja auch so gefährlich, wenn man sich in die Liebe hineinreden läßt – wenn es auch andererseits ebenso gefährlich ist, sich in der Liebe von jedem Rat zu isolieren. Die Abwägung der Einreden kann einem letztlich ohnehin niemand abnehmen.

Es ist nicht falsch, daß das geliebte Du ein Mittel meiner Selbstliebe ist, solange es seine unauswechselbare Individualität und seine unveräußerliche Würde – sein „Antlitz", wie manche heute gerne im Anschluß an den Philosophen Emanuel Levinas sagen – darin behält. Liebe so, daß du den anderen *nicht nur* als Mittel, sondern *immer auch* als Zweck an sich selbst betrachtest, könnte man im Anschluß an eine Formulierung des kategorischen ethischen Imperativ Immanuel Kants dazu sagen.

Begehren, um zu besitzen, gibt es in vielen Formen: als Aufgesang des Selbstgefühls in der Entdeckung seiner Liebe, als Hingabe, Ekstase zum Du und Anhänglichkeit, aber auch darüber hinaus als sexuelle Obsession, als Mißbrauch des anderen um der eigenen Lustmaximierung willen, als Instrumentalisierung des anderen – oder der anderen – um sich die Mühe des eigenen Lebens zu erleichtern. Die letztere Form ist deshalb besonders bedenklich, weil sie oft unter hochmoralischen Vorzeichen von Dienst und Hingabe erscheint oder (gerade Frauen) besonders schmackhaft gemacht wird. Die Ehe als Möglichkeit, um mit Thomas Bernhard zu sprechen, das Leben als „vollendete Ablenkung von der eigenen Existenz" zu führen, wird zu wenig analysiert. Führt die Frau ein Leben aus zweiter Hand, indem sie ihrem Mann „den Rücken frei hält" und am Abglanz seiner Karriere teilnimmt? Nimmt der Mann diese Selbst-Instrumentalisierung an und umgibt sie (immer seltener) mit Blumensträußen der Dankbarkeit und den Aufmerksamkeiten feiner Kavaliersmanieren sowie den Verehrungsformeln bei festlichen Anlässen? Gewiß kann eine Ehe durchaus arbeitsteilig sein, gewiß ist der dankbare Austausch der Gaben sinnvoll. Aber leicht verändert sich das richtige Projekt in ein falsches Programm.

Wir möchten ja mit Recht nicht nur begehren und besitzen, sondern auch begehrt werden und besessen sein. Auch hier liegt das Problem in der Fixierung oder in der Dominanz von Regeln und Vorurteilen. Wenn einander Haben- und Besitzen-Wollen zum geltenden Programm einer Beziehung wird, bleibt zu wenig übrig von der Freiheit, nach der wir Sehnsucht haben, zu wenig von unserer Selbstliebe, obwohl es uns gerade um diese einmal gegangen ist, zu wenig von der attraktiven Uneinholbarkeit des geliebten Du, so wenig vom Werden der Liebe, das allein ihr Sein darstellt. Die Statik des gemeinsamen Hauses läßt keine gemeinsame Wanderung ohne Gepäck mehr zu, die Sorgen um den Besitz sind wie Dornen, die die Pflanzen der Liebe in ihrer harten Umarmung ersticken. Die Kunst des Seins in der Liebe muß sich letztlich doch gegen die Fixierung des Begehrens im Haben richten.

Es gibt auch die Kette von Liebesgeschichten, in denen die Obsession der Liebe ihre Freiheit durch den Wechsel der Geliebten erhält, wie bei Don Juan und Casanova, wie im griechischen Mythos in den Göttersagen. Die Freiheit dieser Liebeswanderer ohne Gepäck, die immer wieder offen sind für eine neue Begegnung, die nicht wissen, wo sie Haupt und Glieder am Abend betten werden, mag für die Leidenden und Seufzenden unter den Dornen der Besitzstände manchmal als Alternative attraktiv sein. Aber der Narzißmus der wandernden Liebenden oder der „sexuellen Emissionäre" (Erica Jong) ist keine angemessene Antwort auf den Anspruch der Aufwertung des Menschen durch die Liebe, auf die humanisierende Sehnsucht, in der Begehren sich nicht zum Besitzen hin schließt, sondern sich zur unerfüllten Sehnsucht öffnet. So wie wir niemals sind, was wir haben (oder zu haben vermeinen), so haben wir nicht, was wir sind. Noch mehr gilt dies vom Antlitz des anderen: wir haben es nicht, wir ergreifen nicht sein Sein. Denn das Sein ist im Werden, im Fließen. Freilich nicht so, als werde damit alles verflüssigt oder laufe uns davon. Sein kann nur, was wird. Und nur, was schon ist, kann auch werden. In der Bewegung des Werdens steckt die Achse unserer Identität. Identität heißt Kontinuität und Konsistenz, d. h. die Selbstbehauptung und die Suche nach dem gleichbleibenden Selbst. Das gilt für das Ich und gilt für das Du. Die Sehnsucht nach dem Aufgehen ineinander und die Sehnsucht nach der Freisetzung durch die Überschreitung von Haben- und Besitzen-Wollen ist gerade eine Chance für die Liebe als lebenslangem Entdeckungsprozeß zweier Menschen.

Die Sehnsucht nach der Freiheit ist für uns Menschen so ursprünglich wie die Sehnsucht nach Geborgenheit in der Liebe. Wir wollen uns selbst verwirklichen. Gleichzeitig scheuen wir uns nicht, einer anderen Person einen Teil unseres Selbstgefühls zu verdanken. Wir wollen den geliebten Menschen zwar frei lassen, aber er soll uns auch gehören. Wie soll das zusammenpassen: Freiheit als Emanzipation und Freiheit als Geschenk?

Karin Struck läßt Lotte, die Heldin ihres Romans „Lieben", darüber nachdenken: „sucht sie die *Freiheit* in der Liebe? ... Sie ahnt eine Freiheitsvorstellung, aber noch kann sie selber sie nicht verwirklichen. Sie ist wie eine Trinkerin, die jederzeit wieder zu trinken anfangen kann. Sie ist süchtig nach besitzender Liebe. Ist die besitzende Liebe keine Liebe? fragt Lotte. Aber muß ich denn nicht einen Menschen besitzen, der mich immer liebt? Was wird sein, wenn ich alt bin? Aber ich kann nicht mehr lieben, wenn ich besitze, und ich kann nicht besitzen, wo ich besitzen will, den ich liebe. Ich muß mich der Sucht nach besitzender Liebe entwöhnen, um überleben zu können. Als Lotte David liebte, hatte sie das starke Empfinden, die einzig mögliche Liebe in Freiheit sei die nicht possessive Liebe. Aber der Moment des Abschieds ist schwer. Weh aber denen, die nicht scheiden können ..." Stimmt diese Alternative von Karin Struck: die Liebe ohne Besitz, die „nichtpossessive Liebe" sei die „Liebe mit Abschied"? Die Heldin Lotte hatte diese Erfahrung gemacht. Sie war zu der Frage vorgestoßen, „nicht: was kann mir der andere sein? sondern: kann ich dem andern etwas sein?" Und gerade in dieser Fragestellung war sie fähig gewesen, sich selbst zu binden. Doch der Mann hatte darauf mit Abschied reagiert, ja sie in die Einsamkeit einer Abtreibung gedrängt.

Es gibt Erlebnisse, die es uns unmöglich erscheinen lassen, daß Freiheit und Liebe miteinander vereinbar sind, ja daß sie zusammengehören. Denn auch *zur* Liebe muß man frei sein, frei zum Beispiel von der Angst, allein und verlassen zu sein. Und *in* der Liebe muß man frei sein; daß aufgezwungene Liebe Spaß macht, ist ein törichtes Vorurteil selbstgefälliger Männer. Aber selbstgewählte Freiheit *von* der Liebe macht keine Flügel, mit denen man sich in die Weite der Luft schwingen kann. In ihrem Bestseller „Angst vorm Fliegen" läßt Erica Jong ihre Protagonistin gegenüber dem Ehemann klagen: „Ein Mensch ist nicht frei, wenn ihm die Freiheit ‚gelassen' wird. Wer bist du, daß du mir meine Freiheit ‚lassen' kannst?" In der Tat, wir wollen unsere Freiheit selber und nicht von anderen geschenkt. Und doch klagt dieselbe Frau am Ende einer Beziehung: „Jetzt war ich ... befreit. Vollkommen frei. Es war das beängstigendste Gefühl meines Lebens. Als stünde ich am Rande des Grand Canyon, verlöre den Halt und hoffte, noch fliegen zu lernen, bevor ich in der Tiefe zerschellte." Sollen wir also doch Angst vor der Freiheit haben?

Es gehört zu unserem Unheil, daß wir die Liebe zum Besitzstand verfälschen und damit auch die Freiheit; es gehört aber auch zu unserem Unheil, daß wir die Freiheit verfälschen, indem wir in ihr das Geschenk der Liebe verabschieden und damit die Liebe als Stufe zur Selbstbefreiung mißbrauchen. Wo aber die Liebe in Freiheit sich schenkt, da braucht man sich nicht als Sklave oder Sklavin zu fühlen. Die Freiheit wird dann zu etwas Gemeinsamem, sie ist nichts Eigenes allein. Vielleicht erhalten von daher die bekannten Worte des Apostels Paulus ihren besonderen Klang: „Die Liebe ist langmütig und voller Güte; die Liebe ist nicht eifersüchtig, nicht selbstgefällig, nicht eingebildet auf sich selbst. Sie handelt nicht taktlos, das Ihrige sucht sie nicht; sie wird nicht bitter, Böses trägt sie nicht nach." Wo Liebe wirklich Liebe ist, müssen wir uns weder vor geschenkter Freiheit noch vor befreiter Liebe fürchten.

Freiheit und Liebe vertragen sich gut, wenn Liebe frei läßt und Freiheit nicht Unabhängigkeit bedeutet. Denn Freiheit ist in der Tat nicht mit der Unabhängigkeit von äußeren Einflüssen oder gar mit der Unbeeinflußbarkeit durch das Du des andern zu verwechseln. Freiheit ist vielmehr die Möglichkeit und die Fähigkeit, sich selbstbestimmt zu Einflüssen und zu den eigenen Antrieben zu verhalten. Denn die Unfreiheit kann auch in uns selbst liegen, in einem falschen Antrieb, in einer falschen Einstellung. Selbstbestimmung, Autonomie und Souveränität bedeuten nicht Selbstisolierung, Entfremdung vom Du, Zerstörung von Beziehungen.

Mitten in den Beziehungen frei sein und doch gebunden, das mag als Paradox erscheinen, ist es aber nicht, wenn wir ernsthaft bedenken, welche Unfreiheiten Isolierung und Beziehungslosigkeit mit sich bringen können. Wo wir auch hingehen, wir nehmen unsere inneren Unfreiheiten und unsere Mängel an Selbstbestimmung mit. Oft sind wir es selbst, die in einer Beziehung verkehrt stehen, und es wäre falsch und billig, unsere Verklemmungen durch Befreiung vom anderen oder durch andere stümperhafte Versuche lösen zu wollen: Niemand verhält sich falsch zu dir, du selbst verhältst dich falsch. Das ist zwar kein immer gültiges Kriterium für *alle* Fälle, aber es will bedacht sein. Es ist in einfacheren Dingen möglich, diese Erfahrungen zu machen: wenn wir meinen, ein Ortswechsel, ein Berufs- oder Ausbildungswechsel oder zumindest ein sogenannter Tapetenwechsel im Urlaub könnten uns aus den größeren Sackgassen unseres Lebens befreien. In Wahrheit können solche Veränderungen unsere Befreiungsprozesse nur unterstützen, und darin sind sie sinnvoll, aber sie können diese Befreiungsprozesse nicht ersetzen.

Der Spruch, die Freiheit *zu* etwas (Gutem) sei besser als die Freiheit *von* etwas, ist eine gefährliche Halbwahrheit. Eine Halbwahrheit ist es umgekehrt auch, den Befreiungsprozeß nur als äußeren Ablösungs- und Unabhängigkeitsprozeß zu begreifen. Erst die ganze Wahrheit macht frei. Nur eine befreiende Wahrheit verdient den Namen Wahrheit wirklich.

Die Befreiungsprozesse sind auch Prozesse der Lösung *von* etwas: von falscher Anpassung, von beklemmender Angst, von übertriebenem Stolz, von bedrückenden Lasten, von erniedrigendem Ausgeliefertsein an die Abhängigkeit von fremden und eigenen Antriebskräften. Deshalb brauchen wir keine namenlose oder abstrakte Freiheit, sondern eine benennbare und gehaltvolle Freiheit: die Angstfreiheit, die Konsumfreiheit, die Freiheit als Ichfindung, als Würde und Selbstbewußtsein, die Freiheit vom normativen Über-Ich und von internalisierten sozialen Regeln, kurz: die Gewissensfreiheit. Schließlich brauchen wir auch die Freiheit, Fehler einzugestehen und umkehren zu können, eine Korrektur anzunehmen oder den Mut aufzubringen, eine Korrektur vom Du anzufordern.

Unsere eigene Freiheit ist auch die Freiheit des andern. Wo Freiheit nicht solidarisch ist, sondern den atomisierten Konkurrenzkampf aller individuellen Freiheiten gegeneinander darstellt, ist der Lohn der Freiheit die allgemeine Aggressivität. Weil Freiheit solidarisch sein sollte, muß sie aber nicht konfliktfrei sein. Die Alltagstugenden der Freiheit sind vielmehr: Selbstbestimmung, Zivilcourage, Konfliktfähigkeit.

Freiheit ist also konfliktfähig ohne falsche Aggression und solidarisch ohne falsche Anpassung. Diese Freiheit brauchen alle, um zu leben; diese Freiheit brauchen auch alle, um zu lieben. Konfliktfähige und solidarische Freiheit ist ja ein Kind der Liebe, die Freiheit läßt, eine Freigelassene der Liebe. Sie führt deswegen zur Liebe als Bedingung ihrer eigenen Möglichkeit zurück und läßt sich von dieser Liebe immer wieder neu befreien. Unsere eigene Freiheit ist diese Freiheit des andern. Das ist das Leitmotiv der gesellschaftlichen Freiheitsgeschichte, das ist das Leitmotiv einer persönlichen Freiheitsgeschichte und einer partnerschaftlichen Freiheitsgeschichte. Denn ohne konfliktfähige und solidarische Freiheit könnte eine dauerhafte Beziehung nicht gelingen. Sie würde zwischen einem beziehungslosen Nebeneinander oder einer Institution der Sklaverei wählen und an dieser Wahl letztlich innerlich oder äußerlich scheitern müssen.

Unsere eigene Freiheit ist die Freiheit des anderen: die freie und die soziale Person ist eins. Denn eine nicht-kommunikative Personalität des Menschen wäre nur noch Selbstbewußtsein. Person als Selbstbewußtsein aber schließt defektes oder unperfektes Menschsein aus, obwohl dieses doch zum Menschsein gehört. Deshalb ist die Freiheit des andern auch dort wichtig, wo er sie nicht selbstbewußt selbst steuern kann und wo er nur unseren Respekt braucht, um neben uns seinen eigenen Weg zu gehen.

Solidarität heißt mehr als eine Verkehrsordnung freier Individuen. Sie fördert, unterstützt, ermöglicht Freiheit dort, wo sie defekt ist, ohne sie zu bevormunden. Freiheit muß ständig dort vorweggenommen und eingeräumt werden, so wie aus sich selbst heraus nicht oder noch nicht da ist. Die Freiheit des anderen braucht unsere Achtung, nicht unseren Rückzug. Die Freiheit des anderen braucht unsere Unterstützung, nicht unsere Vormundschaft. Warum haben wir für diese Kunst der konfliktfähigen und solidarischen Freiheit kein Wort in unserer Sprache? Liberalität ist nur ein Wort für die eine Seite: für die zurücktretende und raumgewährende „Achtungskommunikation" (N. Luhmann). So können wir nur von der Teilhabe am Befreiungsprozeß sprechen, der uns selbst wie den anderen einschließt und der in den intensiven Mustern liebender Beziehungen zu den Bedingungen ihres Gelingens und ihrer humanisierenden Ausstrahlung gehört. Frei ist, wer durch seine lebendige Gegenwart frei machen kann, bei wem es sich freisein läßt, ohne daß unsere Sehnsucht nach Wärme und Geborgenheit, ja letztlich nach Treue, dabei Schaden leidet.

Ist Liebe in Treue möglich?

Im Mittelalter scheute sich ein Dichter wie Wolfram von Eschenbach nicht, dauerhafte Liebe, wie sie in der christlichen Tradition überliefert ist, einfach mit „Treue" zu übersetzen. Wenn wir heute an dauerhafte Liebesbeziehungen denken, dann macht uns dieses Wort „Treue" Schwierigkeiten. Es scheint nicht modern zu klingen, schon sprachlich ist es ein bißchen auf den Hund gekommen, auf den Hund, der altdeutsch auf den Namen „Treu" oder zeitgemäß auf den Namen „Fido" hört. Wenn wir das Wort Treue in der Liebe aufwerten wollen, dann müssen wir es mit einem schmückenden Beiwort versehen: soziale Treue, freie Treue, einander trauen und vertrauen können. Und in der Tat: mit dem Trauen und Vertrauen hat die Treue in der Liebe am meisten zu tun. Aber gilt dies nur für die *soziale* Verpflichtung einer Lebensgemeinschaft, wie heute noch fast alle Beteiligten meinen, oder gilt dies auch für die geschlechtlichen Beziehungen? Hier meinen einige mit Recht, Treue sei doch keine Frage des geschlechtlichen Besitzstandes, und zumal Untreue gebe es in weitaus verruchteren Formen: als Ausnützen des Partners, als inneres Verlassen um der Karriere willen, als Verlust der Treue zu sich selber in der Liebe. In der Tat könnte man aus den Worten Jesu entnehmen, daß der wahre Untreue *der* ist, der untreu macht.

Andere wiederum meinen, daß Liebe in völliger Treue gar nicht möglich sei, darum sei „Treue" nichts anderes als eine Formel der Herrschaft der Institution über die Freiheit in der Liebe oder bestenfalls ein bloßes Ideal.

Vielleicht kann man sich mit den meisten Menschen darauf verständigen, daß geschlechtliche Treue allein kein Garant für Liebe in Treue ist, daß aber auch umgekehrt die Liebe, wo sie Liebe ist, mit Recht nach Treue, auch nach geschlechtlicher Treue sucht. Die Psychoanalytikerin Marina Gambaroff erzählt in ihrem Buch „Utopie der Treue" von einer dreißigjährigen Frau:

„Manchmal weiß ich nicht, was ich von mir halten soll. Ich habe eine ganze Menge sexueller Erfahrungen hinter mir ... Mein Mann und ich hatten das so miteinander verabredet, daß es auch in einer engen Partnerschaft möglich sein sollte, ... sexuelle Kontakte zu anderen zu haben ... Wir fanden diese Einstellung erstens weniger repressiv und dann vor allem einfach auch realistischer ... Aber inzwischen habe ich das Gefühl, im Vergleich zu meinem Mann und wohl auch im Vergleich zu anderen Frauen echt hinterm Mond zu leben, so ein Dusseltier zu sein ... Ich erlebe eine wirklich tiefe und intensive Sexualität nämlich nur mit einem Partner, und das ist mein Mann ... Mit ihm komme ich in der Sexualität in Gefühlsräume, die ich bei anderen nicht kenne."

Wenn man diese Erfahrung ernst nimmt, dann trägt die Liebe in sich die Bereitschaft zur Treue. Das ist etwas anderes als ein besiegelter Anspruch auf Treue oder jene Übertreue, die aus Angst vor der Freiheit des anderen liebesunfähig machen kann. Indem sie nicht zu trauen wagt, belebt sie auch nicht die Bereitschaft zur Treue. Aber die zur Treue bereite Liebe öffnet die „Gefühlsräume", d. h. sie schenkt der Liebe die Intensität. Die Weite des Raumes sieht nicht, wer alle *Täler* erwandert, sondern, wer auf den Berg steigt. So ist es auch mit der Weite der „Gefühlsräume": sie bleibt verschlossen, wo die Höhe und die Tiefe nicht ermessen werden.

Wenn Treue schon zum Eros der Liebe gehört, warum wollen wir sie dem Ethos der Liebe verwehren? Aber wie kann sie gelingen, wie ist Liebe in Treue möglich? Sie *ist* möglich: als Selbsttreue, weil ich zu meiner Bereitschaft stehe. Sie *ist* möglich als das Gefühl für die einzigartige Gestalt des anderen, als Intensität und

Phantasie der Zärtlichkeit. Sie ist möglich, wenn wir weder aus dem Bedürfnis nach Anklammerung noch aus dem gegenteiligen Bedürfnis der Angst vor der ganzen Hingabe handeln. Die Anlage zu falscher Übertreue und die psychologisch damit verbundene Möglichkeit der Untreue liegen schon in uns selbst, in unserer Lebensgeschichte. Unsere Lebensgeschichte bestimmt unseren Gefühlsraum, unsere Sicherheit in den Gefühlen und unsere Erfahrung im Umgang mit Gefühlen. „Genauigkeit im Fühlen", meint Robert Musil, sei ebenso wichtig wie die „Klarheit des Verstandes". Viele Menschen meinen, zum Fühlen gehöre kein Wissen und an die Stelle der Genauigkeit trete das Ungefähre, das Unbestimmte. Das ist ein Fehlschluß, der von der Tatsache, daß wir nicht alles benennen können, was wir fühlen, darauf schließt, daß wir nicht gewiß sind. Wir haben gesehen, daß man nicht aus dem Fehlen eines Wortes für die Grundhaltung oder Tugend der Freiheit darauf schließen darf, daß es sie nicht gibt und daß wir sie nicht begreifen und umschreiben könnten.

Man könnte nun einwenden, Treue sei eine Sache des Willens, und der Wille sei ein Teil der intellektuellen Kräfte der Seele, die man von der Triebstruktur unterscheiden müsse. Gefühle aber gehörten ins Triebleben, sie wanderten zwischen Bauch und Herz, nicht zwischen Herz und Verstand. Inzwischen wissen wir, daß dieser Eindruck aus der vormodernen Lehre vom Menschen falsch ist. Unsere Gefühle dehnen sich zwar über neuronale Netze über unseren ganzen Leib aus, und sie stehen in lebendigem Austausch mit unseren Sinnen, etwa mit dem Tastsinn, der unsere Hauterfahrung steuert, aber die Steuerung des Fühlens sitzt im Gehirn. Der Neurophysiologe Niels Birbaumer hat in einer provokativen Wendung den Austausch von Körper und Hirn zu fassen versucht, indem er die Sprachregelung vorschlug: „wir sind traurig, weil wir weinen", statt: „wir weinen, weil wir traurig sind". Das besagt nur, daß die Steuerung ein wechselseitiges „feed back"-System hat: Weinen (und sei es als Schauspieler) kann uns in die Traurigkeit dirigieren – Trauer kann sich im Tränenfluß äußern.

Der Austausch zwischen Körper und Gehirn oder zwischen Leib und Geist steuert unsere Gefühlswelt. Wir wissen, daß wir Zärtlichkeit über die sanfte Gebärde körperlicher Zuwendung ler-

27

nen. Ebenso lernen wir die Stabilität der Gefühle über die Gewißheit der Zuwendung, also über das Zutrauen, das Vertrauen. Das Projekt „Treue" entsteht also in einem lebensgeschichtlichen Prozeß, in welchem Körperlichkeit ebenso wichtig ist wie Gefühlssicherheit im Gehirn, d. h. die Einlagerung unserer geistigen Prozesse, einbegriffen unseres rationalen Wollens, in die Bestätigung ihrer Richtigkeit, ihrer Bedeutsamkeit, ihrer Kontinuität. Zu diesen geistigen Prozessen gehört auch unsere Phantasie- und Vorstellungswelt, die Bilder unseres Kopfes, in denen wir Tagträume, Wünsche und Projekte für uns faßbar und attraktiv machen.

Ein Leben, das die Sicherheit und Genauigkeit im Fühlen nicht lernt, ist ein Leben ohne Treue: ohne Selbsttreue, ohne Zuverlässigkeit, ohne wirkliche Solidarität. Der Lernprozeß Treue ist ähnlich wie der Lernprozeß Solidarität: er ist eingelagert in eine Investition von Geborgenheit, Fürsorge, Zärtlichkeit und Vertrauen. Nichts ist freilich unmöglich. Erich Fromm war der Meinung, daß defekte Lernprozesse der Kindheit den Menschen nicht zu einem defekten Leben verdammten: lebenslang bestehe die Möglichkeit neuer, kompensierender Erfahrung. Aber er war auch der Meinung, daß solche Erfahrung erschwert sei.

Treue beruht nicht auf einer Enge, sondern auf einer Weite des Fühlens. Ich wies schon auf die Fehlformen der „Übertreue", die aus der Enge kommt und Untreue hervorruft, hin. Sich in der Welt seiner Gefühle Raum geben können, ebenso dem Geliebten, und dabei dennoch sicher zu sein, ist Basis der Treue. Dieses Lassen-Können oder diese Gelassenheit beruht jedoch nicht darauf, daß keine Sorge, keine Befürchtung mehr möglich sind. Vielmehr ist die mögliche Frustration bereits eingebettet in eine Wahl: der Preis der Liebe, ihr Scheitern-Können wird in Kauf genommen, weil erzwungene oder bloß suggerierte Liebe dem Anspruch der Gefühle nicht genügen können.

Es handelt sich also zugleich um eine Zurückhaltung und um einen Anspruch, eine Erwartung. Dieser Anspruch wird jedoch dem Weggehenden nicht wie ein Schal um den Hals gelegt oder als Mißtrauen ins Herz gesenkt. Er liegt einfach und selbstgewiß – aber nicht überheblich – in der Sicherheit des Fühlens.

Wie die Eltern das Kind in den Armen wiegen, so wiegt der Geliebte das Herz der Geliebten über die Heimstätte, die ihr Kopf in seinen Armen findet. Das ist schon die Sprache des Hohen Liedes der Liebe. Sulamit und Salomo, die man sich beim Singen dieser Liebeslieder des Alten Testamentes vorstellte, können in ihren Schlaf- und Wachträumen den Geliebten oder die Geliebte nicht festhalten, und das Umherirren auf der Suche nach dem entschwindenden Geliebten ist ein Zeichen der Dramatik: Furcht vor Verlassenwerden und Verlassensein, Angst um den Tod der Liebe oder um den Tod der Geliebten.

Ohne diese Dramatik der Furcht wäre das Dennoch der Gefühlssicherheit wohl nicht durch eine Bewährung, durch eine Prüfung hindurchgegangen. Solche Sicherheit ist nicht naiv (obwohl auch dies vorkommt), und sie ist nicht ohne Gegenmotive. Unsere Gefühle sind ja auch, wie Botho Strauß einmal sagte, „ein Wort des gegenwendigen Schlechtseins"; sie können sich widersprechen und bekämpfen. „Furcht ist nicht in der Liebe" ist ein altchristliches Motiv aus dem ersten Johannesbrief, das Augustinus dann entfaltet, ein Motiv, das der Phänomenologie der Liebe selbst entspricht. Ich kann nicht lieben und mich zugleich fürchten. Oder mit Augustinus: ich fürchte mich nicht vor dem Geliebten, sondern ich fürchte *um* den Geliebten, damit um den Tod, der ihn selbst oder unsere Liebe ereilen könnte. Furcht *um* die Liebe haben zu können, das zeigt noch einmal, wie sehr die vielgesuchte „Kunst des Liebens" die Kunst einschließt, mit seinen Ängsten, aber auch mit seinen Sorglosigkeiten, angemessen umgehen zu können. Es gibt keinen Freibrief, der vor dem Scheitern schützt, aber es gibt ein Bleiben in den Grundgefühlen der Liebe, das den Tod überwindet und damit den Sieg der Liebe über den Tod begründet.

Alle diese Überlegungen werden über konkrete Untreue oder gar Phasen der Untreue nicht einfach hinweghelfen. Wenn wir die Treue an die Liebe binden, wollen wir nicht einfach die Liebe an die Treue binden. Der untreu Liebende hat seinen Defekt, den er meist selbst empfindet, nicht unbedingt in der liebenden Hingabe, sondern in der Sicherheit, im Vertrauen, in die Selbsttreue und im Mangel an Geborgenheit seiner Lebensgeschichte. Leichter verzeiht der Liebende, die Liebende einem Defekt der Selbsttreue als einem Defekt der Hingabe. Deshalb ist das Wort „Betrug" in erster Linie dort am Platz, wo jemand mit Täuschungsmanövern in manipulierter Lage gehalten wird, ohne dazu selbst Stellung nehmen zu können. Ich habe nicht die Absicht, in eine Kasuistik der Untreue oder gar in Fallgeschichten einzusteigen. Adalbert Stifters Erzählung „Brigitta" macht die Phänomenologie der Untreue und ihrer Heilung nur allzu deutlich: Der Mann verfällt dem äußeren Glanz einer Geliebten; die Frau verfällt der Radikalität ihres Stolzes oder ihres empfindlichen Selbstgefühls. Diese Empfindlichkeit beruht wiederum auf einem Mangel an Annahme ihres Antlitzes, einem Mangel am Vertrauen-Können, auf einem Mangel an Geborgenheit. Der zweite Atem dieser Ehe entsteht dadurch, daß dramatische Verwicklungen die Fixierung des Mannes im Schuldgefühl und die Fixierung der Frau im Stolz auflösen. Aber die eigentliche Basis für diese Wirksamkeit des Abenteuers auf die Personen ist die nicht gescheiterte Liebe, d.h. die bewahrte Gefühlssicherheit der beiden. So kann nur zusammengeführt werden, was beisammen ist. Gegen Untreue gibt es kein Allheilmittel, weil es gegen das Scheitern der Liebe keine Arznei gibt. Aber warum sollte die Geschlechterliebe, die Treue über die Grenzen des Todes zu ihrer Kultivierung zählt, nicht auch Wiederbelebung über die Grenzen der Treue zu ihrer Humanisierung zählen? Zwar ist es ein fataler und falscher Satz, daß die Tiefe des Liebens die Schwere des Leidens garantiert (Leid als „Preis der Liebe"). Doch kann es sein, daß die Liebe das Leid tatsächlich überwindet. Denn die Weisheit der Liebe lehrt auch zu unterscheiden, was Leiden an der Liebe und was Leiden an uns selbst ist: Leiden an unserem Stolz, an unserem Haben- und Besitzen-Wollen, an unserer Vergegenständlichung eines freien Subjektes.

Die faktische Unterscheidung zwischen unüberschreitbaren und überschreitbaren Grenzen der Liebe müssen alle Betroffenen schließlich selbst fällen. Niemals sind wir so unauswechselbare Personen, als wenn es mit einem anderen um uns selbst geht. Gute Ratschläge sind nicht nur teuer, vielleicht sind sie auch nur gut gemeint und nicht wirklich gut. Jede Therapie muß ohnehin ihre Partner in ihrer Freiheit lassen, und so ist Liebe im Selbstfindungsprozeß unter den Bedingungen der Selbstzwecklichkeit, d. h. der Würde des anderen, ein Prozeß mit ebenso rätselhafter Transzendenz wie rätselhafter Endlichkeit.

Überwindet die Liebe den Tod?

Das Wissen um die Treue führt über den Tod der oder des Geliebten hinaus. In der Liebe ist die ganze Intensität unseres Daseins wie in einem Brennspiegel gesammelt, und aus dieser Kraft der Konzentration kann Entzündliches entzünden. Und so wird die Liebe auch als Art der Transzendenz oder als Vorgriff auf eine neue Welt erfahren. Transzendenz meint, daß wir die Grenzen unserer Endlichkeit überschreiten. Der Inbegriff dieser Grenze ist der Tod – wir alle werden sterben. Der Tod wartet aber nicht nur in der Ferne, am Ende einer weitläufig gedachten Lebensbahn, sondern der Tod greift mitten im Leben. Die Zeit bis zum Tod kann sich fast jederzeit auf Augenblicke verkürzen. Wer dies einmal erfahren hat und es nicht bloß weiß, „rechnet" anders mit seinem Leben: er nimmt den Tod bewußt in sein Leben auf. Junge Menschen achten den Tod noch nicht. Entweder glauben sie nicht an ihn im Schwung ihres überschäumenden Lebensgefühls oder sie fürchten ihn nicht, weil sie noch nichts an Haben und Besitzen zu verlieren haben, oder sie betrachten ihn als Teil eines großen Lotteriespiels, bei dem unendlich mehr zu gewinnen als zu verlieren ist.

Wenn aber das Lebensschicksal die Liebe, die doch der Inbegriff der Intensität des Lebens ist, zu beenden droht, dann treffen Liebe und Tod aufeinander und werden Freunde. Offensichtlich kann diese Möglichkeit zu einer sozialen und religiösen Erwartung ausgebaut werden, sonst hätte es nicht die Sitte gegeben, daß die überlebende Frau den Geliebten nicht überdauern darf und, wie vormals in Indien, mit ihm auf dem Scheiterhaufen sterben soll. Die Macht des Mannes, sein Haben- und Besitzenwollen, hat sich hier der möglichen Freundschaft zwischen Liebe und Tod bemächtigt und sie, mit der Frau als Opfer, negativ kultiviert.

Daß auch der *Mann* sich am Grabe der (vermeintlich) toten Geliebten den Tod gibt, mußte bis zu „Romeo und Julia" warten. Das Zeitalter des Humanismus brachte mit der Anerkennung des Selbstbewußtseins und der Selbstgefühle der Frau auch die Hingabe des Mannes, der als Liebender nicht nur Hort der Geborgenheit, schützende Kraft und Eheherr zu sein brauchte.

Doch werfen wir einen weiteren Blick in die Geschichte der Liebeskultur. „Stark wie der Tod ist die Liebe", heißt es in den Liebesliedern des Alten Testamentes. Da greift die Liebe noch nicht über den Tod hinaus, aber sie sieht ihm ins Angesicht, und sie tritt dem Leben mit der gleichen Macht der Verwandlung entgegen: Eros und Tod, Libido und Destrudo (Lust und Zerstörung) treten in unserer Kultur als Nachbarn auf, bis sie Sigmund Freud auch als Nachbarn in unserer Seele entdeckte.

Den Rhythmus des Ackerbaus, den eine seßhafte Gesellschaft beobachten konnte, das Sterben und Geborenwerden, die Liebe der Geschöpfe, die der Gefahr nicht achtet – die sich wiederholenden Erlebnisse wurden kultiviert. Aber die Parallelität der beobachteten gegensätzlichen Mächte des Lebens, Liebe und Tod, ist noch nicht die Erfahrung der Transzendenz der Liebe selbst.

Diese Transzendenz beginnt erst als religiöse Erfahrung. Der aufsteigende Glaube an neue mögliche Zukunft, an einen neuen Himmel und eine neue Erde, ließ den Tod als Tor des Lebens erscheinen. Religionsgeschichtlich sind solche Erfahrungen sehr alt. Daß aber die Liebe die Zukunft jenseits des Todes eröffnet, diese Erfahrung mußte sich erst soweit befestigen, bis das Bild vom Stellvertreter entstand, der sein Leben hingibt für die Liebe: der Gottesknecht, der Gekreuzigte.

Die Christen erwiesen sich aber bald als Dualisten, was die Liebe betrifft: die irdische Liebe scheidet der Tod, nur die himmlische Liebe bleibt. Im Neuen Testament, etwa bei dem Hohen Lied der Liebe des Paulus, 1 Kor 13, ist dieser Dualismus noch nicht überall erkennbar. Aber im christlichen Abendland hatte er sich bald so entscheidend durchgesetzt, daß die Transzendenz der erotischen Liebe sich nicht *mit* dem Christentum, sondern eher *gegen* das Christentum entfaltete. Die Befreiung der Liebe aus der religiösen Bevormundung hat seither nicht mehr aufgehört, und sie hat eine eigenständige Kultur der Liebesreligion mitbegründet.

Der christliche Minnesänger Heinrich von Morungen spielt mit der Liebe zwischen Mann und Frau nach dem Tod: „daz iuwer sêle sì mîner sêle vrouwe" (daß Eure Seele sei meiner Seele Frau). Aber im Bild der ehelichen Liebe ging man davon aus, daß es im Himmel keine Verheirateten mehr gäbe. Mit dieser Antwort hatte Jesus eine Frage der auferstehungsungläubigen Sadduzäer beantwortet. Der Stil des ehelosen Lebens des inneren Kreises christlicher Frommen baute darauf auf.

Vielleicht ist im Erzählstoff „Tristan und Isolde" jene Transzendenz zuerst entdeckt worden, die die Liebe *im* Tode findet (Walter Haug, Eros und Tod). Denn hier ist nicht von Zukunft die Rede, sondern von Vereinigung. Der Tod wird wie das Leben geteilt und gehört daher zur ganzen Liebe. Im Tod kann zudem die Untrennbarkeit realisiert werden, die im Leben verwehrt wurde. Noch Gottfried Keller läßt „Romeo und Julia auf dem Dorfe" gemeinsam im löchrigen Schilfkahn dem Ertrinken entgegentreiben. Der Schmerz der Angst vor dem Getrenntsein ist größer als der Schmerz des Sterbens und die Angst vor dem Tod.

Die Transzendenz der Liebe, die nicht *über den Tod hinaus*, sondern *im Tode selbst* bleibt, ist eine neue Religion, auch wenn sie im kulturellen Horizont der anerkannten christlichen Religion fast verborgen bleibt. Eine mögliche Verwerfung durch Gott oder eine mögliche Barmherzigkeit Gottes bedeuten für den Liebesentschluß der Einheit im Tode nichts mehr. Weder die Verwerfung des Ehebruchs noch die Verwerfung der Selbsttötung haben noch Macht über die Liebenden. Sie kultivieren ihre Beziehung selbst als Religion und trotzen kühn der christlichen Transzendenz, die eine andere ist als die ihre. Die im Tode immanente Transzendenz kann ihnen niemand nehmen: nicht die Gesellschaft, nicht die Kirche. Ähnlich handeln auch Romeo und Julia, auch wenn sie die Normen von Kirche und Gesellschaft, z. B. in ihrer geheimen Heirat, sonst durchaus anerkennen. Isolde sagt, „Ich will mich gern und gänzlich dahin bringen, ihn aufzugeben, damit er für mich und für sich lebt." Ich meine, daß die Tristan- und Isolde-Liebe sich gegen den festgeschrieben Dualismus von irdischer und himmlischer Liebe wandte. Der Widerspruch zwischen Beziehung und Institution, in welchen die Liebenden zu ihrer Zeit, in ihrer Gesellschaft, in ihrer Religion gerieten, ein Widerspruch, der ihre Verurteilung durch Moralisten ebenso nach sich zog wie ihren literarischen Erfolg, dieser Widerspruch kann heute aufgelöst werden. Die Geschlechterliebe ist in ihrer einmaligen Intensitätsform, als ganze, wahre, das gemeinsame Leben und Sterben umschließende Liebe, als ein unbeliebiges Bild der Intensität der Liebe Gottes zu den Menschen zu verstehen. Und dann ist sie auch in einer neuen Zukunft geborgen. Die Liebe hat sich über die Revolution der Romantik inzwischen die Ehe erobert und die Herrschaft von Ökonomie und Zeugung in ihr besiegt, so daß Tristan nicht mehr außergewöhnlich, sondern üblich sein kann: ein nostalgischer Kunstgenuß mit Tränen der Rührung. Niemand setzt mehr in der Nachfolge der Liebenden Tristan und Isolde sein Leben aufs Spiel.

Wie sehr die neue Normativität, eine neue Einigkeit zwischen Kultur und Religion, wirkt, das läßt sich an Liebesliedern ablesen und, in der Popmusik, abhören. Dazu zwei Beispiele, beides Kultlieder einer Jugend zwischen fünfzehn und fünfundzwanzig:

> „Take my hand,
> tell me, what you are feeling,
> understand,
> this is just the beginning ..."

> „Leave a light for me,
> I will be there
> before you closed the door."
> (Belinda Carlisle: Leave a light for me)

> „I stay, I pray,
> seeing you in heaven one day."
> (Moonlight Shadow, von Mike Oldfield,
> gesungen von Maggie Reilly)

In der einen Szene hält die Frau die Hand des sterbenden Geliebten und spricht von einem neuen Beginn, nicht von einem Ende. Der tote Geliebte soll die Tür hinter sich offen lassen und den

Weg zu dieser Tür mit einer Leuchte versehen, damit die nachfolgende Geliebte ihn finden kann. Vereinigung über den Tod hinaus ist hier möglich, ein Neubeginn, aber nicht Nachfolge durch Selbsttötung oder Erlöschen des Lebens. Nachfolge geschieht hier eindeutig durch Weiterleben in der Begleitung durch den vorangegangenen Geliebten. „Eines Tages werde ich dich im Himmel sehen."

Über die Negro-Spirituals ist das Vertrauen in die eschatologische Kraft der Geschlechterliebe in die Popmusik eingewandert und allgemein geworden. Der „heidnische" Tristanmythos hat die Ideologie des christlichen Abendlandes gesprengt und aus der Unterdrückung neue religiöse Kräfte freigesetzt. Der Tod ist nicht Freund der Liebe, die das Leben nicht zuläßt; er ist ein Freund des Lebens, auch des Lebens der Liebe. Wo der Glaube sich an der unzerstörbaren Liebe orientiert, braucht er die Liebe nicht zu zerstören.

Fehlformen der Liebe

Im Namen der Liebe entfaltet die Sünde ihre besten Strategien, uns zu überlisten und unter falscher Flagge an uns heranzusegeln. Wie man sich *gegen* die Liebe versündigt, scheint bekannter, wenn auch umstritten, aber davon soll hier nicht die Rede sein. Oder doch nur auf jene indirekte Weise, in der man davon sprechen kann, daß die Sünden *im Namen* der Liebe letztlich die eigentlichen Sünden gegen die Liebe sind.

Daß man im Namen der Liebe Fehler machen kann, wissen die Erzieher von Kindern. Aber sie nehmen es praktisch oft ebensowenig wahr wie die Liebenden. Robert Musil hat in seinem berühmten Roman „Der Mann ohne Eigenschaften" darauf hingewiesen, daß man dem Anschein nach ganz *für* etwas leben kann, ohne überhaupt *darin* zu leben, d. h. „im Namen eines Ideals alles zu tun, was sich nicht mit ihm vereinbaren läßt". Einen ähnlichen Gedanken formuliert Thomas Bernhard, wenn er meint, es gelinge den Menschen, ihr eigenes Leben als perfekte Ablenkung von ihrer eigenen Existenz zu führen.

Oft liegt das Problem gerade in unseren Vorstellungen von der Liebe als Vollkommenheit. Wir messen die geliebte Person an unseren Wünschen statt an unserer Wirklichkeit. Unsere intensiven Wunschvorstellungen werden gleichsam in den Partner investiert, und wir setzen voraus, daß er uns dafür etwas schuldig ist. Viele Menschen drücken ständig ihren Gefühlsüberschwang in der Liebe aus und erwarten dafür im Grunde ein „Honorar", das diese Investition „lohnt". Wenn der Partner dies nicht leistet, weil er nicht aus seiner Haut kann, werden ihm Schuldgefühle einzureden versucht.

Im Namen der Liebe sündigen kann auch bedeuten, den anderen im Namen der Liebe um sich selber zu betrügen. Gerade darin lassen sich subtile Strategien entwickeln, z. B. Strategien gegenseitiger Entmündigung im Namen der Liebe, in Wirklichkeit aber im Namen der Absicherung der eigenen Macht über den anderen.

Im Namen der Liebe sündigen meint auch, ein abstraktes Ideal der Liebe über die konkrete Liebesbedürftigkeit der Person zu stellen. Den anderen Menschen um der Wahrheit einer Liebesdoktrin willen zu lieben, ihn etwa um der Wahrheit einer Liebesnorm willen zu tadeln oder ihm zu verzeihen, überspringt die Wirklichkeit dieses einzigartigen Menschen. Abstrakte Liebe liebt ihre Liebesmetaphysik, aber nicht den Menschen selbst.

Im Namen der Liebe sündigen kann nämlich auch heißen, sich mit der Liebe zu vielen vor der konkreten Nähe zu einem Menschen zu entschuldigen. Schließlich kann man sich auch im Namen des eigenen Gefühlsüberschwanges vor der mangelnden Gerechtigkeit in der Liebe drücken. („Ich will doch nur dein Bestes.")

Denn Liebe ist zwar letztlich mehr als Gerechtigkeit, aber kein Argument dagegen, der Würde des anderen Menschen gerecht zu werden. „Wir dürfen", so sagt es Augustinus, „die Menschen nicht so lieben, wie Feinschmecker ihren Hühnerbraten lieben. Alle Speisen lieben wir nur, um sie zu vernichten und uns durch sie zu erquicken. Dürfen wir aber die Menschen lieben, um sie zu vernichten?" Augustinus folgert daraus, daß man aufrichtiger einen Menschen liebe, den man nicht von sich abhängig machen könne.

Männliche Überlegenheitsgesten stehen hier ebenso zur Debatte wie weibliche Behütungskünste. Im Grunde laufen die Sünden der Liebe auf sublime Formen der Selbstbestätigung des einen auf Kosten des anderen hinaus. Wenn aber Liebe ein Gefühl für die einzigartige Gestalt des anderen ist, dann ist diese Einzigartigkeit der Person auch ihr unauswechselbares Maß. In diesem Sinne ist Wolfdietrich Schnurres Geschichte von der Kaulquappe und dem Weißfisch mehr als ein subtiler Scherz: zum Frosch geworden, erwartet die Kaulquappe, daß Frau Weißfisch ihr aufs Festland folge, und fegt ihre Bedenken mit der Frage beiseite: „Liebst du mich oder liebst du mich nicht?"

Im Namen der Liebe entfalten die Fehlformen, entfaltet die Sünde ihre besten Strategien, uns zu überlisten. Es ist daher an der Zeit, daß wir auf eine neue und ganz andere Weise von der Sünde in der Liebe reden lernen.

Was heißt, auf neue Weise von der Sünde in der Liebe zu reden? Wir müssen die Quellen des Fehlverhaltens erkennen und die Verhaltensweisen unverhüllt sehen, die sich gern mit dem Mantel des Anscheins von Liebe umkleiden. Die Quellen sind:
- dominieren wollen;
- strafen und rächen;
- distanzieren und heranziehen;
- eifersüchtig sein;
- sich opfern;
- zerstören oder Lebendiges in Totes verwandeln.

Oft gehören die ersten drei Antriebe und Verhaltensweisen bei einem Menschen zusammen. Er fühlt sich nur sicher, wenn er alles beherrscht, im Griff hat, erzwingen kann. Wo es geht, spielt er/sie andere Menschen gegeneinander aus. Teilen heißt herrschen. Jeder Versuch, die Dominanz anzutasten, wird bestraft, denn sie gehört zum Selbstgefühl. Wenn das dominante Selbstgefühl eines verwöhnten Menschen, eines geübten Privat-Terroristen, verletzt wird, dann muß es mehr oder minder grausame Verhaltensmuster zeigen: schweigen, herabsetzende Worte fallen lassen, sich rar machen und Distanzen schaffen. Durch genau dosierte Wechselbäder der Gefühle wird der andere in der gewünschten Abhängigkeit gehalten. Er muß immer eine Dosis Furcht in sich tragen, damit er funktioniert. Wenn es von einer Frau heißt, daß sie ihren Mann „voll im Griff" habe, oder wenn einem Mann nachgesagt wird, daß er der „Herr im Haus" sei, wenn jeweils einer von beiden oder gar beide wechselseitig „unterkommen", die Frau „unter die Haube", der Mann „unter den Pantoffel", dann hat ein Gefecht begonnen, für das der Volksmund die Formel gefunden hat: „In der Liebe und im Krieg ist alles erlaubt." Selbstverständlich sind sogenannte „Rationalisierungen", Scheinbegründungen nötig, wenn die Rache süß sein soll und die Strafe erzieherisch. Der Dominante hat es sich stets selbst zuzuschreiben, er wollte ja nicht hören; tauben Ohren wurde zu lange gepredigt, man habe es zu lange erfolglos im Guten versucht, und was dergleichen Rechtfertigungsreden mehr sind. Gelegentliche kleine Rebellionen müssen unterdrückt, das Selbstwertgefühl des anderen muß in andere Bahnen gelenkt werden, damit die Überlegenheit dort erhalten bleiben kann, wo es das eigene Selbstwertgefühl verlangt.

Aus der Quelle des Dominanzstrebens kann auch Eifersucht entspringen, wenn sie jener „Übertreue" entstammt, in der der eine um den anderen wie eine Mauer herumsteht. Sie kann aber auch aus der Hilflosigkeit einer dominierten und distanzierten Person kommen, die sich mit Wechselbädern von Wärme und Kälte behandelt sieht. Dann wirkt sie aber nicht so zerstörerisch. Vorwurfsvolles Verhalten ist im allgemeinen destruktiv, aber in der Eifersucht schafft es ständig den Ausnahmezustand, den keine Beziehung auf Dauer erträgt.

So wie Sadismus und Moralismus zusammengehören, so gehören auch Opfergeist und Dominanz zusammen. Es kann sein, daß der eine durch Herrschaftsausübung, die andere durch Aufopferung um die Macht in der Beziehung kämpft, und es ist nicht gesagt, ob der Hirsch siegt oder das Reh.

So wird die Beziehung letztlich durch die Macht zerstört. Daß es Macht und Abhängigkeit in der Liebe gibt, gehört wohl dazu. Daß aber Macht zur dauernden Herrschaftsausübung und damit zur Erniedrigung, zum „Klein-halten" mißbraucht wird, ist ebenso schlimm wie daß die eigene Abhängigkeit zu einem Faß ohne Boden wird, in welchem sich der dominante andere verliert.

Herrschaft und Opfer zerstören, indem sie Unberechenbares in

Berechenbares, Geheimnisvolles in Greifbares, Freiheit in Zwang, Lebendiges in Totes verwandeln. Der funktionierende Mensch ist wie eine hölzerne Marionette, er stirbt den psychischen und sozialen Tod, selbst wenn er noch physisch überlebt. Erich Fromm hat den Zerstörungstrieb auch „Nekrophilie" genannt: Liebe zum Toten, Verwandlung von Leben in Gegenstände.

Die Härte, in der Vergegenständlichung der anderen Person zum Ausdruck kommt, beginnt oft mit einem Kampf gegen sich selbst. Wem nur das, was schmerzt, als wertvoll erscheint, der zerstört seine Feinfühligkeit für den Schmerz des anderen.

Das Beziehungsleid darf den Menschen weder als förderlich noch als notwendig zugesagt werden. Gewiß sind auch Negativitäten menschlich zu verarbeiten, aber zugleich sind sie zu bekämpfen. Die Liebesbeziehung ist menschlich, d. h. endlich, begrenzt, anfällig für Fehler und Schuld. Aber sie ist kein Ort des Leidens. Leid als Folge der Schuld soll einzeln und vereinzelt bleiben, eingebunden in Gelingen und Glücken. Es soll bestanden, aber es soll nicht erfleht werden.

Leiden machen und Leiden nur erdulden, gehört zu den Fehlformen. Unnötiges und falsches Leid zu bekämpfen, gehört zur Kunst des Liebens dazu. Damit dies möglich ist, muß mit der Du-Liebe auch die Ich-Liebe erlernt und entfaltet werden. Für viele Menschen, vor allem Frauen, ist der Nachholbedarf an Selbstliebe groß.

Der Nachholbedarf in der Selbstliebe

„Wer sich selbst nicht liebt, ist bald verkommen", läßt Thomas Mann seinen Erzähler in den Romanen „Joseph und seine Brüder" sagen. Dabei erzählt er von einem Joseph, der die Selbstliebe übertrieben hatte, ein Narziß, der sich in seinen Träumen selbst bespiegelte, der „sich träumen ließ" und davon nicht ohne Selbstgefälligkeit seinen Brüdern erzählte. So wird der Haß der Stiefbrüder auf den Erstgeborenen der Rachel, der geliebteren Frau Jakobs, motiviert und Joseph muß in die Grube. Selbstliebe ist hier wie der Sündenfall, der aus dem Paradies der väterlichen

Liebe vertreibt und den Bruder zum Bösen treibt, Gewalttätigkeit hervorruft und das Schlechte im Menschen fördert. Dieser Sündenfall wiederholt sich, indem der narzißtische Joseph mit der Leidenschaft der Gattin des Potiphar spielt, bis er wieder in die Grube gerät. Erst langsam und mühsam muß er lernen, liebesfähig und brüderlich zu werden, die Schwächen der anderen nicht zur eigenen Erhaltung und zu ihrer Verächtlichmachung zu nutzen, sondern sich ihnen als Gleicher und Liebender anzubieten: „Ich bin Joseph, euer Bruder", ist eine Erkennungsformel, in der vergangene Überheblichkeit abgelegt wird.

Das Ich ist nicht der Nabel der Welt. Wohl aber gehört es zur Ichwerdung, daß dieses Selbstgefühl, der Mittelpunkt der Erde zu sein, einmal empfunden wird. Die narzißtische Phase der kindlichen Entwicklung, die Allmachtsgefühle der beginnenden Jugend, das alles darf nicht übersprungen werden, soll nicht ein gefährlicher Nachholbedarf an Selbstliebe entstehen. Selbsteinordnung, Selbstanpassung, Selbstunterdrückung können zum Ausbruch und Aufbruch in die Reise ins Abenteuer des eigenen Ich umschlagen. Zerbrochene Beziehungen beweisen, daß ein zurückgehaltenes Ich sich einmal mit eruptiver Gewalt anmelden kann und daß es dann nicht mit dem Verweis auf Hingabe, Verzicht und Opfer zu bremsen ist.

Der Nachholbedarf an Selbstliebe ist oft ein Problem der Frauen, die zur Selbst-Zurücksetzung und Anpassung erzogen worden sind und die gleichsam nahtlos aus der einen Familie in die andere, von der Kindesrolle zur Mutterrolle hinübergewechselt sind. Auch die Liebe zu sich selbst ist ein zerbrechliches Gefäß, ein Glück aus Glas. Alle Schwingungen sollten in der richtigen Balance sein, damit das Selbst nicht stirbt, nicht zerbricht und nicht in schneidende Stücke zerfällt. Zur „Statik" der Selbstliebe gehört diese Schwingung, die in der Mitte zwischen Tonlosigkeit und Zerbrechlichkeit liegt, dieses Mithören und Mitempfinden der eigenen Würde. Was das Ich sich selbst zubilligt, kann es auch in anderen respektieren. Gegenseitig können Liebende in einem Gespräch mit und ohne Worte, mit zärtlichen, sinnlichen Gesten, einander dieses schwingende Selbstgefühl bestätigen, sich „begütigen" im gegenseitigen Gut-sein-Lassen. Die

Kunst des Respektierens beginnt bei sich selbst. Die Aufwertung des Geliebten beginnt bei der Fähigkeit zur Selbstannahme. Liebe den andern wie du dich selbst liebst, sagt Augustinus, nicht, wie du dich selbst haßt. In dieser krassen Formel wird deutlich, daß ein Mangel an Selbstliebe nicht einfach mit Selbstdistanz oder mit Selbstlosigkeit im moralischen oder spirituellen Sinne gleichgesetzt werden kann, sondern daß dieser Mangel eine innere Disharmonie und Unversöhnlichkeit mit sich selbst auslöst. Die dem Weg zur Vollkommenheit in der Religion zugerechneten spirituellen Tugenden der Selbstdistanz, Loslösung von Ichbindung oder Selbstlosigkeit sind Entfaltung in der *richtigen* Selbstliebe. Meister Eckhart nennt diese Loslösung, „âne eigenschaft" (ohne Eigenschaft) zu sein: Die Bindung des Ich an Eigenschaften, Vorlieben und Vorurteile sind soweit davon zurückgenommen wie es notwendig ist, um die Wirklichkeit an- und für sich selbst wahrzunehmen. Wir sollen das, was wir sehen, schmecken, hören usw. erst *sein* lassen können, damit wir es nicht durch den Filter unserer Eigenschaften verfälschen. Der Wahrnehmende versucht sich – wie in der Phänomenologie – gleichsam selbst auszuklammern. Dadurch verschwindet er nicht, aber er kann sich zu sich selbst als Träger von Eigenschaften frei, losgelöst verhalten. Ich wandle ein Beispiel von Meister Eckhart ab: man stelle sich vor, ein Ei ohne Salz zu essen oder sonst ohne Würze den Eigengeschmack der Nahrung zu spüren. Wenn nun aber eine Eigenschaft des konsumierenden Subjektes den Geschmack beeinflußt, dann schmeckt die Speise nicht an und für sich selbst. Hat man z. B. Salz auf der Zunge, schmeckt das ungesalzene Ei gesalzen. Eckhart macht auch auf die Einschränkung der Sinne in der Krankheit aufmerksam: die „belegte" Zunge oder die „verschnupfte" Nase verändert den Geschmack bis zum Extrem der Geschmacksunfähigkeit.

Solche Bilder stehen für eine vorurteilsarme Wahrnehmung des Ich und auch des Du.

„Wer sich selbst nicht liebt, ist bald verkommen". Jahrhundertelang haben die christlichen Prediger gegen die Selbstliebe gewettert. Bibelwissenschaftliche und kirchenhistorische Studien saßen lange Zeit einem Mißverständnis auf, indem sie meinten, das

Wort „wer sich verliert, wird sich gewinnen" als Selbstpreisgabe und Hingabe an die Nächstenliebe verstehen zu müssen. In Wirklichkeit geht es jedoch um einen befreiten *Gewinn* seiner selbst durch Ablösung seiner Vergegenständlichung in Vorurteilen und inneren wie äußeren Bindung an ein Etwas, als sei es alles. Diese Art von Selbstverkrampfung ist ja im Grunde eine Verwechselung: ich identifiziere mich mit einer Sache, einem Ziele, aber ich sehe mich nicht, wie ich in mir selbst bin.

„Erkenne dich selbst", diese griechische Herausforderung an das mediterrane und an das abendländische Denken ist nicht mit endgültigen Lösungen zu versehen. Wir sehen nicht in das Zentrum unseres Selbst. Aber wir erkennen es indirekt an seinem Austausch mit den Sinnen, mit der Sprache, mit der Umwelt, mit dem anderen Menschen. Die Verantwortung für das Sosein dieses Selbst übernehmen wir, indem wir die Äußerungen dieses unseres Selbst beeinflussen. Dies wirkt auf den Kern zurück. So entsteht eine merkwürdige, sich ergänzende Zusammengehörigkeit von Selbstliebe und Selbstdistanz. Auch hier kann man von einer schwingenden Statik sprechen.

Noch einmal: der Mißbrauch der Rede von Opfer, Verzicht und Hingabe, der religiöse Mißbrauch des christlichen Kreuzes als Abhärtungsmotiv („hart gegen sich selbst und brutal gegen andere"), das Ersticken der Feinfühligkeit für das Du mit der Abtötung der Feinfühligkeit für das Ich, der Kreuzzug nach außen und die Askese nach innen − das alles ist eine Unheilsgeschichte unserer Seele, die durch die Verfälschung von Glaubensmotiven oder durch ideologische Einsaat in der Erziehung zustandegekommen ist. Es wurde Zeit, daß sich die Frauen aus dieser Unheilsgeschichte zu befreien begannen. Da der Abdruck dieses Unheils in ihrer Seele stärker war und schmerzlicher, erkannten sie ihn zuerst. Aber mit einigem Erschrecken haben sensible Männer inzwischen erfahren, wie sehr dieser religiös überhöhte innere Faschismus in kirchlichen Gruppen und Kreisen (etwa in der im „Opus Dei" aufgewerteten „Abtötung") und in markiger Selbstkontrolle auf den Wegen zu Macht und Karriere spürbar wird. Das hart und damit unlebendig und einfühlungslos gewordene Selbst erfährt eine Deformation, in welcher die Fähigkeit zum

Mitleiden, zur Selbstüberschreitung und zum Gleichklang mit den anderen zerstört wird. Liebesunfähigkeit ist die Folge. „Liebe" reduziert sich auf Begehren, auf Haben- und Besitzen-Wollen. Die schwungvolle Sprache der Liebe ist dann eine einzige Verfälschung. Wer nicht zerstört werden will, kann hier nur davonlaufen.

Die Selbsterkenntnis als Schritt zur Selbstliebe ist daher eine Anerkenntnis von Fehlorientierungen des Selbst. Der Nachholbedarf an Selbstliebe, den wir alle ohne Ausnahme haben, muß erst einmal das lebendige Herz und die bewegliche Vernunft freisetzen von all den Kästen und Käfigen, in denen wir sie gefangen halten. Der Weg zu sich selbst ist auch der Weg zum geliebten Du. Wohl denen, die solche Wege nicht als „Ego-Trip" verunglimpfen, sondern die sich wechselseitig dazu frei lassen können. Die Verlebendigung des Selbst und das erhöhte Selbstgefühl sind eine Quelle bleibender Zärtlichkeit und glückender Liebe.

Ist die Liebe gerecht verteilt?

Ist die Liebe gerecht verteilt? Diese Frage ist von jener einfachen Art, die zwar komplizierte Überlegungen hervorruft, aber am Ende doch nicht zu einer gültigen Antwort gelangt. Daher ist man versucht, sogleich die Frage abzuwehren, als sei sie falsch gestellt oder gehe von vornherein von falschen Voraussetzungen aus. Was hat denn die Liebe mit Gerechtigkeit zu tun, so könnte man dagegen fragen. Wie der Geist weht, wo er will, so fällt die Liebe dort hin, wo sie hinfällt. Liebe hat doch mehr mit Glücksspiel zu tun. Alles ist erlaubt, keiner hat ein Recht auf etwas, aber die Liebe ist grundsätzlich im Recht – so etwa lautet die erotische Botschaft unserer Tage. Wer schlecht dabei wegkommt, dem bleiben nur Resignation und Ressentiment. Schlimmeres ist möglich: die Verbilligung des eigenen Selbstwertgefühls, um wenigstens an die Brosamen zu gelangen, die vom großen Kuchen der Liebe unter den Tisch fallen.

Nun sind wir doch auf dem Wege, Antworten zu suchen. Denn es liegt zunächst einmal auf der Hand, daß es Ungleichheiten in jener Attraktivität gibt, die Erhöhung oder Verminderung von Möglichkeiten auf dem Spielfeld der Liebe sein kann. Die Einsätze sind mindestens gleich, die Aussichten scheinen es auf den ersten Blick nicht zu sein. Gerechtigkeit setzt ja doch voraus, daß Gleiches gleich und Ungleiches ungleich behandelt wird, so daß schließlich jeder zu dem ihm Zustehenden gelangen kann.

Aber was steht uns denn in gleicher/ungleicher Weise zu? Was soll denn verteilt sein? Und wer soll der Verteiler sein? Denn in der Verteilungsgerechtigkeit geht man davon aus, daß eine gemeinsam anerkannte und durchsetzungsfähige Autorität da ist, die zuteilt. In der Liebe geschieht jedoch wie in der Volkswirtschaft die Verteilung durch Tausch auf dem freien Markt, und da sind schon die Zugangschancen, die Tauschchancen und die Gewinnchancen ganz ungleich verteilt. Der Markt stärkt die Starken und schwächt die Schwachen. Setzen wir an die Stelle des Marktes die „Szenen" für Jugendliche, wo sie sich „in Szene" setzen können, dann ist leicht nachzuvollziehen, daß ein junger Mann von einem Schwarm von Bewunderinnen umgeben sein kann, ähnlich ein junges Mädchen noch offensichtlicher von einem Kreis von Verehrern. Mitglied eines Heringschwarmes oder Hecht im Karpfenteich, Mauerblümchen oder Sternchen zu sein, das macht doch einen großen Unterschied.

Aber bezieht sich dieser Unterschied nicht nur auf die Liebe als Gesellschaftsspiel? Können Mann oder Frau nicht, wenn die Würfel einmal gefallen sind, wenn das „fall in love" einmal vollzogen ist, mit gelassenem Lächeln auf ein Spiel zurückblicken, dessen Gewinn nicht unbedingt die potentesten und attraktivsten Mitspieler und Mitspielerinnen sind?

Früher hat man die Liebe als Gesellschaftsspiel und die Szene als Heiratsmarkt inszeniert und organisiert. Natürlich kommt das heute noch vor, vor allem in Kreisen, in denen man/frau (vor allem Frau!) nichts dem Zufall überlassen möchte. Auch sonst gibt es Elemente einer „sozialen" Marktwirtschaft, ein Bündel ungeschriebener Förmlichkeiten, die sich im Laufe der Jahre ständig wandeln, durch welche ein Stück Annäherung an die Chancengleichheit garantiert werden soll. Die Single-Tänze erlauben z. B. in diesen Jahren einen Stil, durch den die erste Wahl, die Aufforderung zum Tanz, verhindert und dadurch die Gleichberechtigung gefördert wird. Ich bin da und mache mit – davon kann niemand ausgeschlossen werden. So kann der wirklich freie Markt, der damit verbundene freie Tausch, in der Tat ein Stück Verteilungsgerechtigkeit garantieren. Die Liebe in unseren Tagen hat viel mit der Marktwirtschaft zu tun.

Ein anderer Zugang zur gerechteren Verteilung in den Chancen, Mitteln und Erfolgen in der Liebe ist die Behinderung, welche, zugleich mit der Chance, durch erhöhte Attraktivität gegeben ist. Es entsteht ein Präsentierteller, auf welchem keine Eigenschaft ohne Kommentar bleiben kann; es entstehen Zwänge durch die von Erwartungen stromliniengeformte Eitelkeit, die sich nur noch in Anpassung und Wohlverhalten äußern darf. So liegt in der Attraktivität auch die Gefahr, über dem Erfolg im Gesellschaftsspiel die Regeln für das Gelingen einer Beziehung zu mißachten.

Ungleichheit in den Liebeschancen ist also relativ oder zumindest zweideutig. Es ist möglich, mit geringeren äußeren Chancen zu einem gerechteren Ergebnis zu gelangen und mit größeren Chancen zu einem unbefriedigenden Resultat. Wäre es anders, so wären alle Beziehungen Schatzkammern der Attraktivität. Ein wenig von diesem Bild ist freilich richtig. Wer mit offenem Blick die vielfältigen jungen Beziehungen überschaut, wird von diesem Meer an attraktiven, wenn auch sehr variablen Erscheinungsformen erfreut.

Aber über die Verteilung der Liebe entscheidet die Attraktivität nicht, weder über ihre richtige Wahl noch über ihr Gelingen. Dabei spielt auch eine Rolle, daß in einer offenen und bunten Gesellschaft die Modelle der Attraktivität ebenso variabel sind wie die individuellen Vorlieben, die sich auf kein festes Muster einschwören lassen.

Die Verteilung der Liebe hat mehr mit der Selbstliebe und Selbstannahme zu tun, von welcher im vorgehenden Kapitel die Rede war. Dieses Selbstwertgefühl umfaßt innen und außen, und es bedingt, nicht losgelöst, aber doch unterscheidbar von der attraktiven Erscheinung, eine andere Art der Attraktivität als die Attraktivität des sozial prämierten Ausnahmetyps. Die prämierte

Schönheit wird bewundert, aber oft fragt sie sich gerade darum ängstlich selbst: werde ich auch geliebt?

Die Verteilungsgerechtigkeit, die in der Liebe als Gesellschaftsspiel auf den ersten Blick erscheint, ist also nicht so gewichtig, wie viele Menschen annehmen. Es bedarf auch zur größeren Annäherung an die Verteilungsgerechtigkeit keiner äußeren Autorität mehr, die inszeniert und organisiert. Fast könnte man sagen: der Markt reguliert sich selbst, wäre da nicht eine bedeutende Einschränkung, die wir auch sonst für das gelingende Leben machen müssen: was ist mit der Liebe der Behinderten? Hier wird deutlich, daß die Liebe so ungerecht verteilt sein kann, wie das Leben ungerecht verteilt ist, und daß der Markt der Gesunden und „Normalen" nicht die Chance der Gehandikapten sein kann. Hier „fällt" die Liebe nicht von selbst, sie muß inszeniert und organisiert werden. Das Recht auf Liebe wird jedenfalls durch Behinderung nicht aufgehoben, obwohl es nur ein Recht auf die Zugänge und Chancen sein kann, die den Weg zur Liebe eröffnen. Niemand kann zudem darüber hinwegsehen, daß mit bestimmten Graden der Behinderung auch schwer zu lösende Probleme der Sexualität verbunden sind, für die es kaum allgemeine Lösungsformeln, sondern bestenfalls Hilfskonstruktionen geben kann.

Bisher nahmen wir noch nicht das Gelingen und Mißlingen der Liebe in den Blick. Die Frage nach der gerechten Verteilung könnte ja auch bedeuten: Sind Gelingen und Scheitern in der Liebe gerecht verteilt? Diese Frage ist in der Tat so schwer zu beantworten wie die Frage nach dem Sinn des Lebens angesichts des Übels, des Bösen, der Destruktivität. „Gerechtigkeit und Lieben küssen sich", ist eines der Bilder der Bibel für eine neue Welt, von der in unserer Welt wirkliche Zeichen, aber keine bleibenden Institutionen möglich sind. Die Antwort auf Scheitern kann nur praktisch sein. Sie ist theoretisch nicht auf den Begriff oder in den Griff zu kriegen. Aber praktisch sollen wir so handeln, als ob der Sinn, der zeichenhaft aufleuchtet, ein Projekt aller Menschen sein könnte. Tun wir das nicht, behält Max Horkheimer mit seiner Prophezeiung recht: „Was wir Sinn nennen, wird verschwinden."

Liebe und Gerechtigkeit sollen füreinander offen und zueinander unterwegs sein. Den Geliebten zu lieben heißt auch, ihm gerecht zu werden. Liebe darf Gerechtigkeit nicht überspringen, sondern muß sie entfalten. Diese Entfaltung der Gerechtigkeit macht nicht zuletzt die Kunst des Liebens im Alltag aus.

Was macht die Liebe im Alltag aus?

Was macht eine Liebesbeziehung im Alltag eigentlich aus? Vielleicht können wir eher eine Antwort auf die Frage geben, was eine Liebesbeziehung aufs Große und Ganze gesehen bedeutet: die volle Annahme und Gutheißung der geliebten Person mit ihrem ganzen Dasein und ihrer ganzen Geschichte, die eine Herkunft, eine Gegenwart und eine Zukunft hat; Interessenehmen und Einfühlen in die Gestalt des anderen; miteinander wachsen und füreinander sich menschlich weiter entfalten.

Wir haben durchaus hohe Worte für unsere Liebesbeziehungen, und wir sagen sie einander auch, wenn wir das Abenteuer der Entscheidung suchen. Und doch wissen wir genau darum, daß das Ganze der Liebe eine Fülle von Einzelheiten und Alltäglichkeiten erfaßt, die es schließlich mehr ausmachen als Augenblicke, in denen wir zur Feierlichkeit gestimmt oder gar nur von der Konvention dazu gebracht sind.

Es ist schön, daß Mann und Frau die Liebe feiern können, daß es auch andere als tägliche Zustände in der Liebe gibt. Aber die Liebe lebt letztlich nicht von den Vorräten für Festtage, sondern aus der Erfahrung des täglichen Gelingens. Offensichtlich wissen das junge Menschen, wenn sie die Zeit der Einübung so ernst nehmen und wenn sie wissen, daß eine Entscheidung nicht einfach ein Entschluß ist, sondern aus ihrer gemeinsamen Geschichte hervorwächst.

Was macht die Liebe im Alltag aus? Wenn wir ernsthaft über diese Frage nachsinnen, müssen wir nicht die einmaligen Ereignisse aneinanderreihen. Der Alltag ist nicht das Ereignishafte, sondern das, was sich wiederholt, was eingeübt ist, was sich von selber versteht. Gemeint sind die ruhigeren Strecken des Flusses, wo wenig Bewegung zu erkennen ist und doch stetiges Fließen geschieht.

Aber gerade, weil dies so ist, weil hier nicht die Ausnahme, sondern die Regel gilt, lassen sich Maximen des Alltags der Liebesbeziehung nennen. Die wichtigste Maxime lautet: einander im Guten sehen können. Wer liebt, versteht den anderen oder die andere nicht schlechter, sondern eher besser, als er oder sie sich selber verstehen. Denn gerade im Alltag gibt es die Tiefen des Selbstempfindens, wo wir einander brauchen, um uns gut zu machen. Liebe konkurriert nicht und setzt nicht herab, sie fördert und wertet auf. Gerade weil man im gemeinsamen Leben die Schwächen auch ohne schützende Selbstdarstellung kennenlernen kann, ist der mangelnde Selbstschutz durch den Schutz des anderen zu ersetzen. Der Alltag braucht den Mut zur Aufwertung des anderen, und er braucht die Kraft zur Solidarität mit den Schwächen. Wer jemandem gerecht werden will, der will Stärken und Schwächen, Gutes und Böses, Richtiges und Falsches scheiden. Wer lieben will, der unterscheidet wohl, aber er scheidet nicht; er bleibt dem Geliebten stets nahe.

Was vom Umgang mit den Schwächen gilt, gilt auch vom Umgang mit Konflikten. Der Alltag ist nicht der Tag der großen, sondern der kleinen Versöhnungen, des Wissens um die Gesten, – nicht nur um die Worte –, in denen die gegenseitige Gutheißung bis in die Auseinandersetzungen hinein spürbar bleibt und die Kunst, zärtlich zu sein, entfaltet wird.

Im Alltag der Liebe geschieht die Bändigung der Macht, die ich dem Menschen gegenüber habe, der mich liebt, durch die Zärtlichkeit, die angstfrei und geborgen machen kann, indem sie ihm sagt: es ist gut, daß du da bist; es ist gut, daß du so bist wie du bist. Martin Walser schreibt in seiner Novelle „Ein fliehendes Pferd", als er von einer langjährigen Beziehung erzählt: „Sie sprachen selten, wenn sie wanderten, höchstens, daß Sabine einmal sagte, was sowieso beide sahen. Sie sagte: eine Bank, wenn sie vor einer Bank standen. Und wenn er gerade dachte, ob sich das Wetter hält, sagte sie: Ich glaube nicht, daß es zum Regnen kommt. Und es war dann völlig egal, ob es zum Regnen kam oder nicht, weil es auch völlig egal war, was einer sagte oder gesagt hatte oder je sagen würde. Meistens hob er dann seine Stimme an und sagte: Ach, du einziger Mensch, Sabine."

Der Alltag ist nicht die Zeit des großen Gelingens oder Glückens. Der Alltag ist die Zeit des „es geht", jener Antwort, die wir auf alltägliche Nachfragen geben. Aber damit „es geht", bedarf es auch der Kultur der Festlichkeit und ihres Hineinleuchtens ins Alltägliche.

Darum sollte in jedem Alltag der Liebe ein festliches Element nicht fehlen. Das kann sich auf ein Gericht, auf ein Getränk, auf eine unalltägliche Geste, auf ein Geschenk (es müssen nicht immer Blumen sein), auf einen Spaziergang, auf einen Filmbesuch, auf Musik, Sport, eine Zeitschrift, eine Dienstleistung usw. beziehen. Es fällt leicht, hier mehr als sieben Sachen aufzuzählen. Eine größere Übung wäre es, sich davon dreißig auszudenken und sie über einen Monat zu verteilen, so wie die alltägliche Küche abwechslungsreicher ist, wenn sie weder einen Rhythmus von einer Woche noch von vierzehn Tagen kennt. Die Unalltäglichkeit im Alltag entsteht durch Variantenreichtum. Dabei werden Routine und Wiederholung, die den Alltag ausmachen, nicht aufgehoben. Die Sicherheit und Unaufgeregtheit des Alltags bleibt, und sie braucht ja auch ihren Sitz im Leben, denn sie entlastet und verringert die Anstrengung.

Die alltäglichen Gesten der Fürsorge dürfen nicht einengen und entmündigen. Doch gibt es unendlich viele Dienstleistungen, die wechselseitig übernommen werden können: ein Getränk aus dem Keller holen, nach der Waschmaschine sehen, Wäsche auf- und abhängen, etwas aufräumen, ohne den Partner in Verlegenheit zu bringen. Die Veränderung des Alltags im Urlaub eröffnet eine neue Variante: ein neues und anderes Gleichmaß muß erreicht werden, routinierte Arbeitsteilung kann auf den Kopf gestellt werden, Dienste bieten sich an, die am Wohnort nicht möglich waren.

Die Grundmotive der alltäglichen Liebe sind der Respekt oder die Achtung voreinander und das Überschreiten dieser Achtungsschwelle in der Zärtlichkeit. Die Aufwartung und Gutheißung des anderen verlangt genügend Distanz und zugleich das Gegenteil: genügend Nähe. Die Aufgabe von Achtung und Zärtlichkeit besteht darin, Nähe und Distanz, Wärme und Respekt miteinander zu vermitteln bzw. in der Waage zu halten.

Die distanzlose Beziehung kann ebensowenig gelingen wie die distanzierte. In der alltäglichen Berührung muß die Achtung mitschwingen, in der Achtung die Wärme des Interessenehmens.

Die schwingende Statik einer Beziehung ist nicht nur vom Zueinander von Achtung und Zärtlichkeit, sondern auch von aktivem Zuhören und passivem Reden bestimmt. Die Liebe ist eine alltägliche „vita activa", ein tätiges Leben, und eine alltägliche „vita passiva", ein empfangendes Leben. Das wechselseitige Ineinander der Spannungselemente zu pflegen, das Herbe im Süßen und das Süße im Herben, wie es die Troubadoure der Provence und Gottfried von Straßburg besingen, das ist wie das Einüben eines Musikinstrumentes, bis das Spielen ein selbstverständlicher Ausdruck des eigenen Daseins ist. Das ist auch wie das Erlernen eines neuen Bewegungsstils unseres Körpers, der zuerst unbeholfen reagiert, bis die Stimmigkeit zwischen Element und Bewegung entstanden ist.

Verliebtsein ist keine Kunst, die große Liebe ist nicht unser Verdienst, doch die alltägliche Liebe ist es, und im Alltag wird der Teppich gewebt, auf dem wir ins Land der Träume fliegen.

Ein gewichtiges Element dieses Teppichs, den Erinnern und Erzählen verknüpfen, ist der Humor. Das befreiende Miteinander-Lachenkönnen ist ein Basiselement für den Aufbau dieses Humors. Humor ist der Sieg der Reife des Lebens über die Endlichkeit der Welt, über die eigene Fehlerhaftigkeit und über die in der Begrenzung schöne Individualität des Partners. Wir sind im Lande der Paradoxa, des Gegensätzlichen, das zusammengehört, ohne ineinander aufzugehen. In diesem Lande kann auch die eigentlich herabsetzende Schadenfreude ein Baustein des Humors sein, wenn in ihr etwas vom Bedauern der eigenen Unzulänglichkeit steckt, das durch die Schwäche des andern gemildert wird. Jeder weiß, daß es eine Grenze gibt, an der das „Auslachen" seine Harmlosigkeit verliert. Entscheidend ist die Öffnung des Lachens für das Mitlachen-Können des andern. Lachen soll ihn nicht herabsetzen, isolieren, distanzieren. Es soll kein Schadenslachen sein, kein Spottgelächter – obwohl es auch milde, erwärmende Formen des Spottes gibt – sondern ein aufbauendes und um Sympathie werbendes Lachen. Diese Übung des Lachens führt zum Humor, einer Fähigkeit, Schweres leichter zu machen. Widerständiges durchlässig zu lachen, an der Grenze zu scherzen, im Leiden lustig zu sein. Der Humor ist die Kunst des Dennoch und Trotzdem, aber ohne gefurchte Stirn und trutzige Selbstbehauptung. Vielmehr unterläuft der Humor mit seiner Gewaltlosigkeit die Aggressivität von Menschen und Strukturen, er bringt die Steifheiten zum Einsturz und die Bürokratien aus dem Gleichgewicht, er löst die Sturheit auf und löchert die Starrheit. Wenn ein Paar im Erinnern und Erzählen seinen gemeinsamen Humor gefunden hat, braucht einem um dieses Paar und seine Zukunft nicht bange zu sein.

Ein ebenso wichtiges Muster, das in den Teppich, der aus Erinnern und Erzählen geknüpft wird, hineingehört, ist die Streitkultur. Streit, Auseinandersetzung, Heftigkeiten und Empfindlichkeiten, die sich gegenseitig aufschaukeln bis an die Grenze ernster Gefahr, gehören zum Alltag der Liebe. Man muß den Streit nicht gerade herbeisehnen, aber man muß ihn dazuzählen und bestehen. Freilich kann dies weder durch Ausweichen noch durch Dominanz geschehen. Wenn Streit von Achtung und Bereitschaft zur Zärtlichkeit unterlegt ist, dann ist er vorüber, wenn er vorüber ist, und setzt sich nicht tagelang fest. Die Kunst des Streitens verlangt Erfahrung. Niemand kann erwarten, daß diese Erfahrung von Anfang an da ist. Doch den Rhythmus des Streitens im vorhinein zu wissen, den Spannungsbogen zu kennen, das Schiff während des Sturms in ruhigen Gewässern zu sehen, im Regen die Sonne zu erahnen – dazu muß man sich Jahr um Jahr Zeit lassen können, bis jene Erfahrung eintritt, daß der Streit in gemeinsames Gelächter umschlägt und der Humor die schlechten Fäden aus dem Teppich zieht.

Liebe auf Probe?

Zwei Fragen stellen sich häufig, wenn man über Liebesbeziehungen nachdenkt: Ist es möglich, auf Probe zu lieben? und: Was ist, wenn die Liebesbeziehung scheitert? Beide Fragen hängen eng miteinander zusammen, denn die Liebe auf Probe wird oft auch als eine Vermeidungsstrategie möglichen Scheiterns verstanden. Aber ist das richtig?

Die Probe ist wohl nicht die Form, die sich eine auf Liebe ausgerichtete Beziehung aussucht. Wie könnte sich denn Liebe voll entfalten, wenn sie auf dem Prüfstand kontrolliert wird? Wie läßt sich ein Projekt erproben, dessen Bedingung nicht die Probe, sondern der Ernstfall ist? Wenn die einmalige Ganzheit der Liebe die notwendige Bedingung ihres Gelingens ist, läßt sich vermittels einer Probe nichts über die Zukunftsaussichten aussagen.

Als Vermeidungsstrategie möglichen Scheiterns eignet sich daher die Probe wenig. Wohl aber sollte die Liebe die Distanz der Zeit kennenlernen und nicht nur die Faszination des Augenblickes, bevor sie den Prozeß ihrer Selbstvergewisserung für ausreichend hält, genügend Bereitschaft für die Gemeinsamkeit des Lebens mitzubringen.

Im Zusammenleben vor der Ehe geht es darum eigentlich auch nicht um Erprobung, sondern um Ablösungsprozesse vom Elternhaus und um Einübungsprozesse, bevor institutionelle Zwänge sich herausbilden. Wir wissen von den Beziehungspsychologen, daß solche Prozesse ebenso bindend sind wie manifeste Entschlüsse, und daß diese ebenso scheitern können wie jene. Menschen bleiben immer irrende, verwickelte und sich noch entwickelnde und dazu schuldfähige Wesen.

Die Angst vor dem Scheitern sollte unser Experimentieren in der Liebesbeziehung weniger bestimmen als der Realismus des Scheitern-Könnens. Dies ist jedoch nicht als subtiles Kalkül im Interesse einer sukzessiven Polygamie gemeint, denn ein solches Kalkül würde bedeuten, Liebe als Gefühl für die einzigartige Gestalt des anderen nur scheinbar, in Wirklichkeit aber „Selbstverwirklichungsprozesse" zu suchen, in denen der oder die andere Mittel zum Zweck wird.

Wir wissen nicht, ob das Experimentieren aus Angst *vor* dem Scheitern nicht ebensoviel Unheil stiftet wie zuviel Sorglosigkeit und mangelnde Sensibilität für die Wege *in* die Gefahr. Möglicherweise ist das eine die Kompensation des anderen, d. h. auf zweierlei Weise wird die gleiche seelische Unsicherheit manifest. Aber wir wissen, daß es Scheitern gibt und daß dabei oft eine

Mischung von Fehlentwicklungen und Fehlentscheidungen so ineinander greift, daß man eine Ursachengeschichte des Scheiterns erst im nachhinein schreiben kann. Darum müssen wir davon ausgehen, daß Liebesbeziehungen scheitern, sei es, daß sich zwei tatsächlich trennen, sei es, daß sie in der Institution verharren und das Scheitern nach außen verborgen bleibt.

In der Erfahrung des Scheiterns liegt auch die Erfahrung des zutiefst heilsbedürftigen Geschöpfes Mensch. Der Gott, der Freude an der Liebe hat, läßt auch die an der Liebe Leidenden nicht im Stich, und wo *er* sie aufrichtet, sind auch wir aufgerufen, mit menschlichem Scheitern und Neubeginn auf eine menschenwürdige Weise umzugehen.

Liebe auf Probe kann das große Scheitern nicht verhindern. Aber vielleicht gibt es Experimente, die dem kleinen Scheitern im Alltag unserer Liebe Grenzen setzen? Über das große Scheitern reden wir noch, das Mißlingen unserer kleinen Sehnsüchte und die Aneinanderreihung kleiner Enttäuschungen müssen wir ebenso ernst nehmen. Um diesem Scheitern im Kleinen, das zum Scheitern im Großen werden kann, vorzubeugen, gibt es die Erprobung der Liebe. Sie fällt aber nicht einfach in die Zeit der „Liebe auf Probe". Erprobung der Liebe ist Erprobung der eigenen Person im Zusammensein und Zusammenleben. Hier wird niemand auf die Probe gestellt, hier wird mit niemanden experimentiert oder gar ein Versuch durchexerziert. Mir selbst gilt die Erprobung. Zu den fälschlicherweise zementierten Unterschieden zwischen Mann und Frau gehört, daß der Mann in der Beziehung die Frau, die Frau aber sich erproben will. Hier müssen die (meisten) Männer auf das Niveau vieler Frauen gebracht werden.

Zum Lieben als Erprobung haben wir Zeit, sobald wir schrittweise das Steuer unseres Lebens und unserer Beziehungen selbst in die Hand nehmen. Wir wissen, daß in den gegengeschlechtlichen Elternbeziehungen Probeläufe unserer Liebesfähigkeit stattfinden. Bleibende Wärme und befreiende Ablösung sind hier zugleich wichtige Basiselemente für die Kunst des Liebens. In der Ablösung werden Selbstdistanz und Fähigkeit zum Freiheit-lassen-Können eingeübt. In der bleibenden Wärme wird ein Grundmotiv für die Balance von Achtung und Zärtlichkeit geschaffen.

Der Grundton der schwingenden Statik des tönenden Glases wird angestimmt: zwischen Unbeweglichkeit und zerstörender Gewalt.

Jugendliche, die von ihren ersten Liebesgeschichten erzählen, entnehmen ihnen oft die Basiserlebnisse für eine Kontrasterfahrung: so soll es mit mir nicht sein; das kann doch nicht alles gewesen sein. Sollen solche Basiserlebnisse nur Erprobung dessen sein, was man überhaupt nicht will? Oft aber werden wir uns gerade in unseren negativen Erfahrungen unseres eigenen Wollens und unseres eigenen Lebenssinnes, unseres eigenen Liebesprojektes erstmals richtig bewußt.

Unsere Erprobung in der Liebe geschieht aber vielfach auch indirekt. Die fürsorgliche Begegnung mit Menschen, die unsere Aufwertung, unsere Bejahung und unser Interesse brauchen, unsere eigene Schwäche und Hilfsbedürftigkeit – all dies sind Ausdrucksformen der Erfahrung, wieviel Achtung und Zärtlichkeit es braucht, damit der Mensch Mensch sein kann.

Auch Humor und Streitkultur in der Familie und in der Gruppe bzw. Clique der Gleichaltrigen üben Beziehungsverhalten ein. Die Reichhaltigkeit der Zeit, in welcher man viele Fäden zu vielen Menschen knüpfen kann, ist eine fruchtbare Erde für das Pflänzchen einer Liebe, die später Blüten treiben soll. „Die Frucht ist in der Blüte", sagt Meister Eckhart. Seitdem die Menschen nicht mehr um der Zeugung von Kindern willen Beziehungen aufnehmen, sondern um ihrer selbst willen und um der Beziehung selber willen, ist die Blüte der Beziehung ihre schönste Frucht. Die Blüte ruht auf der Pflanze, die in der Erprobung der Liebe wächst.

2. Schönheit und Zerbrechlichkeit der Liebe

Meister Gottfrieds Spruch über das gläserne Glück

„Glück – damit geht es auf wundersame Weise auf und ab: man findet es viel leichter, als man es behalten kann; da schwindet es, wo man nicht sorgsam darauf achtet. Wem es das Herz beschweren will, dem schenkt es sich zur falschen Zeit,
auch nimmt's ihm vorzeitig hinweg, was es gegeben hat.
Den führt es hinters Licht, dem es zuviel geliehen hat.
Freude wandelt sich in Leiden:
Leichter als die Unbeschwertheit an Leib und Seele
finden wir das gläserne Glück.
Das scheint fest und ist zerbrechlich.
Wenn es unter unseren Augen am schönsten strahlt und leuchtet,
dann genügt ein Hauch, und es zerbricht in kleine Stücke."

Von Gottfried von Straßburg, dem wohl bedeutendsten Gestalter der mittelalterlichen Liebesgeschichte von Tristan und Isolde (nach 1200), ist diese Liedstrophe oder dieser „Spruch" überliefert. Die Metapher vom gläsernen Glück entstammt einer lateinischen Sentenzensammlung von Publius Syrus, einer mittelalterlichen Schullektüre. Manche betrachten diesen und einen gleichartigen Spruch über „Mein und Dein" wie ein „melancholisches Motto" (Peter Ganz) für den ganzen Liebesroman. Im Roman „Tristan und Isolde" geht es ja gleichfalls um den Konflikt von Mein und Dein auf erotischem Gebiet, um die dadurch entstehende Spannung von Freude und Leid sowie um das moralische Fehlverhalten von Lug und Trug, das daraus entsteht.

Die Geschichte von Tristan und Isolde hat mehr als einen Dichter inspiriert. Ihr Gerüst ist folgendes: Nach dem Tode seiner

Eltern findet der junge Fürst Tristan Aufnahme bei seinem Onkel Marke. Für diesen erledigt er eine kriegerische Aufgabe: Um Markes Land Cornwall von Tributzahlungen an Irland zu befreien, besiegt er den Riesenritter Morolt. Von dessen vergiftetem Schwert verwundet, läßt er sich als scheinbar Schiffbrüchiger nach Irland treiben, um dort bei der heilkundigen Königin Isolde Rettung zu finden. Er findet in Irland noch die Gelegenheit, einen das Land verwüstenden Drachen zu töten. Das kompensiert seine Tötung Morolts. Der zurückkehrende Ritter wird mit der Absicht Markes konfrontiert, die blonde Isolde, die irische Königstochter, zu heiraten und bietet sich als Brautwerber an. Nach gelungener Brautwerbung trinkt er mit Isolde im Schiff nach Cornwall den irrtümlich für sie und Marke von ihrer Mutter-Zauberin gebrauten Liebestrunk. Danach sind die beiden, dies sich schon vorher gefielen, aneinander gekettet. Daraus ergeben sich, weil trotz ihrer Liebesnacht die Hochzeit mit Marke stattfindet, allerlei unedle Verwicklungen: Marke wird die Dienstmagd Brangäne als Jungfrau in dunkler Nacht untergeschoben; nächtliche Besuche Tristans im großen gemeinsamen Schlafraum der Hof- und Edelleute im Bett Isoldes werden immer gefährlicher und dramatischer; Verdächtigungen müssen von Isolde mit Tricks abgewehrt werden, zu denen auch ein zweifelhafter Eid gehört, sie habe außer in Markes nur in eines Bettlers Armen gelegen, der sie über einen Bach trug (Tristan war als Bettler verkleidet). Während die Kluft der Liebenden, von Tristan und Isolde, zur Gesellschaft und ihren Moralvorstellungen immer größer wird, wird andererseits die Zärtlichkeit in ihrer Beziehung immer ausdrucksvoller. Vom Hof schließlich doch in die Wildnis vertrieben, leben sie in einer Liebesgrotte fast in mystischer Versunkenheit, bis Marke, von einem Schwert zwischen den Schlafenden getäuscht, sie wieder an den Hof zurückholt. Nach erneuter Entdeckung und Vertreibung Tristans findet dieser nach rittlichen Abenteuern Aufnahme bei einem Freund, dessen Schwester Isolde Weißhand ihn in Verwirrung stürzt. Todwund erwartet er die blonde Isolde; er stirbt aufgrund einer Täuschung über ihr Kommen. Isolde folgt dem Geliebten in den Tod: Der Tod aus Liebe durch die Liebe. Der Roman führt „die Unmöglichkeit dauerhafter Liebe sowie die Vergänglichkeit irdischen Glücks in tragischer Verdichtung" vor [1].

Man kann die Beziehung des Spruches zu der leid-seligen Geschichte von Tristan und Isolde auch lockerer sehen. Aber eine Grundstimmung bleibt. Für die Liebenden Tristan und Isolde kann das „Sein" der Liebe nicht in ein „Haben" verwandelt werden. Diese Lage ist eine Vorbedingung für den Höhenflug und zugleich für die Abgründigkeit dieser erotischen Beziehung. Die Übersetzung des Spruches versucht, noch etwas vom mittelhochdeutschen Duktus erahnen zu lassen.

Was Gottfried in seinem Glücksspruch beschreiben will, ist so etwas wie den Lauf der Welt. Es gibt ein Hin und Her, ein Auf und Ab in der Liebe, aber nicht allein in der Liebe. Die Momentaufnahmen sind leicht zu finden, aber Kontinuität und Beständigkeit fehlen. Alles, was geschenkt wird, ist nur geborgt auf Zeit. Die Zeit spielt überhaupt eine große Rolle. Was im ganzen zueinander passen würde, mag im Augenblick unpassend sein und umgekehrt. Es gibt keine Garantien, wohl aber die Illusion der Festigkeit und Beständigkeit: die Härte des Glases. Ein geschliffenes Glas ist es, in dem sich die Strahlen der Sonne brechen. Aber Licht und Verblendung liegen nahe beieinander. Das Zerbrechen des Glases läßt keine Heilung zu. Es bleiben nur Entzug – und schmerzliches Gedächtnis.

Aber, bei aller Grundstimmung der Trauerarbeit: von einer „schicksalhaften Notwendigkeit" des Zerbrechens ist doch keine Rede. In Nebensätzen werden Möglichkeiten eingebaut: sorgsam darauf achten; die richtige Zeit erspüren; sich nicht zuviel ohne Rücksicht auf die eigenen Fähigkeiten geben lassen; mit dem leichten Zerbrechen rechnen. Solche Möglichkeiten sind keine Garantie, Scheitern zu vermeiden, aber man kann versuchen, sorgfältig, klarsichtig und der eigenen Endlichkeit bewußt zu sein und zu handeln.

Der mittelalterliche Dichter ist kein Tragiker, sondern er sucht die Balance zwischen der Fragilität des Lebens und der Möglichkeit des Guten und Schönen, das „aller beste", wie es im Urtext heißt. Daß das Glück gläsern ist, macht sein Leuchten ebenso aus wie seine Zerbrechlichkeit. Wer, wie Gottfried, Menschen, denen er ein besonderes Einfühlungsvermögen zutraut, eine Liebesgeschichte mit unglücklichem Lebensweg und Ausgang erzählt und ihnen zumutet, sich daran aufzurichten, so daß der Liebenden „Tod der Lebenden Brot" ist, rechnet damit, daß der Mensch dem Bild seiner Endlichkeit und seines Scheiterns konstruktiv begegnen kann. Das Mißlingen der Liebe ist teils Kontingenz, Endlichkeit und Begrenztheit, teils aber auch im Tristanroman Kollektivschuld einer Verbotsmoral, die Liebesverhältnisse an Besitzstandsverhältnisse gebunden hat: die Frau im Besitzstand des zuständigen Mannes, erst des Vaters, dann des Ehemannes. Ihr „coming out" als Liebende – im Tristanroman in der Wirkung des Liebestrankes zum Ausdruck gebracht, den der Brautwerber Tristan und Markes Braut Isolde irrtümlicherweise miteinander trinken – kann für die Heiratsfrage keinerlei tragende Bedeutung gewinnen. Vielmehr entstehen daraus Mord und Todschlag, da die herrschende Moral der Ehe als Gesellschaftsvertrag und die persönliche Liebessehnsucht gründlich aneinandergeraten.

Das Glück aus Glas ist also nicht einfach eine Metapher für eine melancholische Weltbetrachtung, obwohl man sich eine solche vorstellen kann; es ist auch ein Bild der Weisheit, die das Finden für einfacher hält als das Suchen, das scheinbare Haben für leichter als das Sein und das Scheitern für möglicher als das Gelingen.

Das Buch, in welchem Generationen Europas, bevor ihre eigene Literatur begann, die Sprache der Dichtung lernten, ist die Bibel. Auch dort konnten sie der Beschreibung von Schönheit und Zerbrechlichkeit der Liebe begegnen. Die Liebe war dabei vom Schimmer religiöser Transzendenz umgeben. Die Vorstellung von der Liebe eines gütigen Gottes reinigte die Vorstellung von menschlicher Liebe.

Im Neuen Testament, bei Paulus, heißt es: „Wir tragen jedoch diesen Schatz (der Erkenntnis der Herrlichkeit Gottes im Antlitz Christi) in irdenen Gefäßen, damit die überschwengliche Fülle der Kraft nicht uns, sondern Gott beigemessen werde." (2 Kor 4, 7) Die Zerbrechlichkeit ist auch hier im Bild, dazu die Erkenntnis, daß alle „Mittel", die dem Höchsten dienen, Menschenwerk bleiben.

Der Kontingenz – d. h. der Endlichkeit und Begrenztheit, der Angewiesenheit und der Abhängigkeit – versuchen wir mit unseren Bildern des Glückes als Versöhnung unserer Freiheit mit der Liebe zu entkommen. Denn in der Freiheit richten wir uns selbst auf, in der Liebe richten wir uns am anderen auf. Beides zusammen bringt das kristallene Glas zum Leuchten.

Der erwähnte Paulus hat eine seiner schönsten Hymnen der Liebe gewidmet. Er meinte keineswegs nur eine himmlisch gereinigte Liebe. Denn woher hätte diese ihre „reinen" Erfahrungen? Solche Erfahrungen müssen aus der Bedrohung des Alltags gewonnen sein, des erotischen wie des geistlichen Alltags. Jahrhunderte der Trennung dieser Dimension des Erotischen und des Religiösen haben ihre Beziehung und ihren Zauber füreinander nicht aufheben können. Diese Perspektiven verhalten sich selbst wie Liebende zueinander. Wo der Geist der Liebe schwindet, das erkennen wir am Schwinden der Freiheit (vgl. 2 Kor 3, 17), und wo der Geist der Freiheit schwindet, das erkennen wir am Schwinden der Liebe.

Der Preis der Freiheit ist die Fragilität des Guten und Schönen und des Glückes. Darin liegt zugleich die Feinheit und die Leuchtkraft dieses Glückes. Die Liebe setzt dennoch auf die Möglichkeit des Gelingens, denn sie reicht ins Unendliche (vgl. 1 Kor 13, 8).

Wer das Glas singen hört, weiß, daß es eine Frequenz gibt, die es zum Zerspringen bringt. Wer es nicht singen oder klingen hört, der erlebt es nicht in Bewegung, sondern als einen festen Gegenstand, der auch hölzern sein könnte. Das Bild von der „Glasmenagerie" (Tennessy Williams) zeigt höchste Sensibilität an der Grenze der Zerbrechlichkeit. In beiden Fällen ist die Feinheit des Glases zugleich Zeichen der Feinfühligkeit und der Verletzlichkeit einer Frau. Wer weit unterhalb dieser Grenze bleibt, dem mag das Leben Zufriedenheit schenken, aber kein Glück.

Denn Glück ist ein Risiko, exponiert und brüchig zugleich, ein Abenteuer, von dem im folgenden aus vielfältigen Perspektiven die Rede sein soll.

Nur eine Rose als Stütze (Hilde Domin)

Die Zerbrechlichkeit der Zweisamkeit, die Sensibilität für die unscheinbaren oder scheinbar leichten Veränderungen haben eine Nähe zur lyrischen Form. Der französische Dichter Paul Verlaine (gest. 1896) legt mit „Le vase brisé" (Die zerbrochene Vase) eine Grundform: von einem leichten Fächerschlag getroffen, erhält die Vase einen Riß, durch den fortschreitend das frische Wasser davonfließt, bis die Blume in der Vase stirbt.

Die Blume in der Vase ist die Blüte der Beziehung im Herzen der beteiligten Menschen. Das Herz ist wie ein zartes, zerbrechliches Gefäß. Eine Verletzung der Achtung oder der Zärtlichkeit läßt jenen Riß entstehen, aus dem die Nahrung für die Blüte versickert, daher trocknet die Beziehung aus.

Weniger unmittelbar als ein solcher Symbolismus sind einige Gedichte von Hilde Domin aus dem Ende der fünfziger Jahre, die in präziser und transparenter Sprachgestalt Momentaufnahmen von Veränderungen in Liebesbeziehungen deutlich machen. Die Metaphern sind hier nicht unmittelbar offen, aber ihre Verbindung miteinander legt ein Netz aus, in dem sich der Eindruck fängt:

> Rückzug
>
> Meine Rechte (wer glaubt es ihr heut?)
> war einstmals eine offene Rose
> voller Schmetterlinge.
> Plötzlich, fast ohne Vorbereitung,
> wie einer gestoßen wird und fällt,
> hat sie ihre Blätter verloren
> und war blaß und nackt:
> eine Menschenhand wie alle andern.
> Du erinnerst dich,
> Die Schale meiner Linken,
> die deine Vögel tränkte,
> zerbrach ...
> (Hilde Domin, Nur eine Rose als Stütze, Frankfurt a. M.
> 1959, 15)

Das einzige Wort, das dadurch, daß es allein in der Zeile steht, eine besondere Bedeutung wie der Angelpunkt der ersten Strophe erhält, ist das Zeitwort „zerbrach". Es handelt sich um die Erinnerung einer Vergangenheit mit zwei Etappen: „einstmals" und „seither". Dazwischen liegt das erinnerte Ereignis, in vielen parallelen Bildern geschildert: die Rose, an der die Schmetterlinge Nektar trinken, verwelkt; die Schale zerbricht, niemand sammelt die Scherben auf. Rose und Schale sind wie rechte und linke Hand, und die ganze Person ist mit ihnen in einem Zauber, in dem alles möglich ist, alle Träume erfüllbar sind, die Verwandlungskraft und Vielfalt der Verwandlungsmöglichkeiten unerschöpflich und genau auf Wünsche abgestimmt. „Die Jahreszeit war/kaum von Bedeutung". Die Zeit spielt keine Rolle, in jedem Augenblick ist zauberhafte Fülle der Zeit. Der Höhepunkt: „ Es ist wahr, ich konnte mich damals/in eine Wand von blühendem Wein verwandeln".

Wir werden, ohne unmittelbare, massive Anspielung, in den Lustgarten des Hohen Liedes versetzt, wo Salomon und Sulamit gegenseitig ihre Schönheit preisen und das Spiel von Verlieren und Wiederfinden spielen. Zweimal heißt es dort: „Seine Linke liegt unter meinem Kopf, / seine Rechte umfängt mich." (HL 2, 6; 8, 3) Das Bild der Hände ist hier vom weiblichen lyrischen Ich übernommen. Sie ist es, die das „Für-den-anderen-sein" an sich selbst als unerschöpfliche und unaufhörliche wundersame Verwandlung erfährt, die über die menschliche Endlichkeit und Begrenztheit hinausführt, Transzendenz der Liebe beschwört.

Wenn aber die Rose ihre Blätter verliert, dann ist sie „blaß und nackt: / wie eine Menschenhand / wie alle anderen". Alles wird wieder menschlich trivial. Das Ereignis, das hier „plötzlich" hereinbricht und zwischen der Zeit vorher und nachher scheidet („vor diesem Tag"), ist „fast ohne Vorbereitung". Die Hände werden auf den Tisch gelegt, es wird Bilanz gezogen, es wird Farbe bekannt, und die Hände erweisen sich als leer.

Fülle und plötzliche Leere – die Gegensätzlichkeit dieser Erfahrung ruft, wie bei zwei unvereinbaren Prämissen, eine balancierende Konklusion hervor: „Seither bin ich bescheiden geworden", heißt es am Schluß des Gedichtes. Nicht mehr Geliebte sei sie, sondern „Hausfrau", nicht mehr „Schalen" der Verzauberung, sondern „Tassen und Teller" bestimmen den Alltag, nicht mehr der Zauber der Verwandlung entsprechend der Fülle des Wandels der Natur, sondern ein Kauf auf dem Markt, „wo gewogen und abgeschnitten wird", wo also alles der äußersten Nüchternheit und Phantasielosigkeit der Zahl unterliegt, und wo ein Gedicht keine Chance mehr hat. Sie scheint ja auch dahin, die Chance des Du-Gedichts. Vielleicht bleiben nur noch Selbsteindrücke als Love-Making-Singles übrig; wir werden einige Seiten später eine Stichprobe machen.

„Bescheiden geworden". Von Eduard Möricke stammen die frommen – aber wer weiß, vielleicht auch ironischen – Zeilen: „wollest mit Freuden und wollest mit Leiden mich nicht überschütten, doch in der Mitten liegt holdes Bescheiden." Hier fehlt der Bescheidenheit jeder Schmuck, sie ist wie Steingutgeschirr für den Alltag bei Hilde Domin.

Aber blicken wir noch etwas tiefer in das Gesicht. Die Scherben der zerbrochenen Schale liegen lange im gemeinsamen Garten. Da zeigt sich eine gemeinsame Erinnerung an den Augenblick oder an ein Symbol, in welchem sich der Bruch ankündigte: war ein Liebes- und Zaubertrank in der Schale? Denn mit einem Trank oder Nektar hat es zu tun: der Mann im Gedicht kommt als „Schmetterlinge", als „Vögel" und als „Bienen" vor. Alle sind mit Blütennektar oder mit Wasser zu tränken. Aber die Quellen sind versiegt. Am „fast ohne Vorbereitung" ist jedoch nicht nur die Plötzlichkeit, sondern auch das einschränkende „fast" zu beachten. Worin liegt das Stück Vorbereitung? Es ist indirekt aus dem Realismus der Konklusion zu erschließen: irgendwie wußten die Liebenden immer, daß sie, wie die Geliebte zur „richtigen Hausfrau", zu richtigen Eheleuten werden, mit Arbeitsteilung und funktionellen Besitztümern ...

Das wäre nun „fast" ein wenig resignativ, einen solchen Eindruck aus dem Gedicht mitzunehmen. Denn nicht Resignation herrscht am Schluß bei der Hausfrau, sondern Humor. Sie sieht sich selbst beim Einkauf zu und belächelt sich mit Kopftuch und Einkaufsnetz. Mit der Erinnerung an den Zauber wird auch befreiendes Gedächtnis aktuell: es bleibt die „offene Rose", die schöne

Schale als Vogeltränke, die „Wand von blühendem Wein". Das Wort der Verzauberung bleibt auch als Lockung der eigenen Geschichte stärker als die tägliche Ökonomie des Lebens zu zweit.

Das ist die belegende Zeile: „Es ist wahr, ich konnte mich damals in eine Wand von blühendem Wein ..." Es *ist* wahr und bleibt damit wahr, ja fast steckt darin die Kühnheit der biblischen Persiflage „wahrlich, ich sage euch!" Es war kein Traum, es ist eine Wirklichkeit des Lebens, eine zerbrechliche freilich. Aber: braucht sie nicht auch den Hintergrund der Selbsterfahrung des Menschen als endliches, begrenztes, zum Scheitern fähiges, manchmal banales Wesen, diese Wirklichkeit?

Das Gedicht heißt „Rückzug", es heißt nicht Resignation oder „retraite" im Sinne von Rente. Die Kraft des Zaubers ist noch da und hält die Wirklichkeit mit der Realität in der Schwebe, denn Wirklichkeit ist mehr als Realität, ist, was darin wirkt. Das Wunder kann wieder geschehen, der Weg vom Markt in den Garten – in den Paradiesesgarten – ist offen. Wir sehen den „Locus amoenus", den idyllischen Ort der Liebesliteratur. Die Phantasie erschafft diesen Ort, um eine „Utopie", d. h. etwas, das keinen Ort hat, ansässig zu machen.

Aus der Tradition des Hohen Liedes der Bibel kennen wir das Hin und Her zwischen Verlieren und Finden, zwischen Geborgenheit und Trennung.

Ein Liebesangst- und Liebessehnsuchtstraum des erwähnten Hohen Liedes kann dies zeigen:

> „Ich schlief, doch mein Herz war wach. /
> Horch, mein Geliebter klopft:
> „Mach auf, meine Schwester und Freundin, / meine
> Taube, du Makellose! / Mein Kopf ist voll Tau, / aus
> meinen Locken tropft die Nacht."
> „Ich habe mein Kleid schon abgelegt – / wie soll ich es
> wieder anziehen?
> Die Füße habe ich gewaschen – / soll ich sie wieder
> beschmutzen?"
> Mein Geliebter streckt die Hand durch die Fensterluke; /
> da bebt mein Herz ihm entgegen.

Ich stehe auf, dem Geliebten zu öffnen. Da tropfen
meine Hände von Myrrhe / am Griff des Riegels.
Ich öffne meinem Geliebten. / Doch der Geliebte ist
fort, verschwunden. / Mir stockt der Atem; er ist weg!
Ich suche ihn, ich finde ihn nicht, / ich rufe ihn, er
antwortet nicht ...
(HL 5,2–6)

Verlieren und Gewinnen – es bleibt die Kunst des Spiels, und
ohne diese Kunst sinkt dieses ganze Ineinander von Sex, Eros, Ich-
transzendenz und Du-Hingabe in sich zusammen in eine Leere,
die schlimmer ist als die leeren Hände des Gedichtes „Rückzug",
denn es ist eine platte Leere, in der nur noch „gewogen und abgeschnitten" wird, die Leere des bloßen Geschäftes, des Tausches
zwischen Launen und Gelegenheiten oder jener historischen, der
Lust, dem Besitzstand und der Nachkommenschaft des Mannes
dienenden „Eheprostitution", zu der Gottfried von Straßburg die
Worte findet: „Die Liebe, die reine / die ist um Kauf gemeine".

„Glücklich mit Ivan" (Ingeborg Bachmann)

Daß das Glück in der Liebe ankommt und wieder verschwindet,
erfahren viele Menschen. Das Ineinanderfinden wird besonders
beim Auseinanderdriften in der Erinnerung zum Höhepunkt des
Glücksgefühles. Es ist aber schon vom Leid unterlegt, denn man
weiß, wie aus dem Mißverständnis, aus dem Nicht-Verstehen das
eine Ich sich vom anderen abspaltet. In gewissem Sinn ist dies un-
vermeidlich, weil Ich und Du nur in Situationen der Ekstase ver-
schmelzen können. Sie müssen dann wieder zu sich selbst
zurückfinden und erleben ihre Vereinzelung als schmerzlich.
Diese Erfahrung der Entfremdung kann den Weg der Trennung
eröffnen, vor allem, wenn die Sehnsucht nach Verschmelzung
groß ist und wie eine Erkrankung die Kräfte des Ich lähmt. Einer
solchen Auflösung des Glückes mit der Folge einer dramatischen
Selbstauflösung des Ich scheint Ingeborg Bachmann – unter anderem, denn ihr Roman verfolgt nicht nur eine Perspektive – in ih-

rem Roman „Malina" (Frankfurt a. M. 1971) nachgegangen zu sein.

Das erste Kapitel lautet: „Glücklich mit Ivan". Um zu beschreiben, worin dieses Glück besteht und wie es verloren geht, muß zunächst die Veränderung des weiblichen „Ich" ins Auge gefaßt werden. Da ist die Welt „vor" Ivan, „die weitere Welt, in der ich bisher gelebt habe – ich immer in Panik, mit trockenem Mund, mit der Würgespur am Hals" – sie ist jetzt „auf ihre geringfügige Bedeutung reduziert" (S. 26). Die Welt der großen Ereignisse und des alltäglichen Verlaufs mit all ihren Beklemmungen ist untergegangen oder abgedankt, die Zeit ist aufgehalten, alles ist verändert. Technik und Natur sind keine Störung mehr, sie sind „in die Obhut Ivans … gekommen" (S. 27); die „Besitzübernahme" (S. 28) der namenlosen Heldin mitsamt ihrer subjektiven Weltwahrnehmung ist perfekt.

Ivan ist das „Losungswort", er ist das „Zeichen", eine Erlöserfigur: in hoc signo vinceris, „denn ich werde siegen in diesem Zeichen": das Kreuz in der Schlacht Konstantins wird bemüht. Damit die Sprache Bachmanns gewichtig wird, wird sie biblisch: „er ist gekommen …, die Probleme zu erlösen, und so werde ich kein Jota von ihm abweichen" (S. 29). Um „Auferstehung" geht es, um Heilung, um ein sakrales Erlebnis (vgl. S. 30).

Die Geliebten sprechen eine „andere Sprache", sprechen „mit Haut und Haar", gewöhnliche Sätze der Erklärung sind unnötig, „mühelos" geht es miteinander. Unverständlich ist das „Gesetz der Welt", im Raum der Liebe herrschen nur Klarheit und Güte, Freiheit und ansteckendes Lachen. So „hoffe ich, wir könnten eine Ansteckung herbeiführen. Langsam werden wir unsere Nachbarn infizieren, einen nach dem anderen, mit dem Virus, von dem ich schon weiß, wie man ihn nennen dürfte, und wenn daraus eine Epidemie entstünde, wäre allen Menschen geholfen" (S. 32.33).

Das „Virus", dessen Name bekannt ist, aber nicht ausgesprochen werden darf, stößt auf „Abwehrstoffe" (S. 33), die ihm im „krisenfesten Elend" Widerstand leisten. Es ist nicht leicht zu bekommen. Es ist aber ein Virus der Gesundung: „So empfindlich sind Anfang und Entstehen dieser stärksten Macht in der Welt, weil die Welt eben krank ist und sie, die gesunde Macht, nicht aufkommen lassen will." (S. 35).

Die Geliebte bewegt sich in der Welt des Seins, es versinkt die Welt des Scheins und verliert ihre Schwere. Die Sensibilität für das Elend der Realität, die Schlaflosigkeit und Nervosität stiftet, ist ersetzt durch neue „Lehrsätze" (S. 39) des Lebens und durch die „Gloriole gegenseitiger Nachsicht" (S. 35).

Aber da ist von Anfang an das Motiv der „verwickelten Telefonschnur" (vgl. S. 26 und S. 42). Die Verwicklung, mit der die Geliebte nicht zurecht kommt, ist nur wenig verschleiert. Es geht darum, daß der geliebte Ivan sie wirklich mit ein bißchen „Nachsicht" und mit der Arzt- und Pflegesprache behandelt (vgl. S. 44), sie nicht ganz ernst nimmt, sie beim Schachspielen mit seiner Hilfe zum Patt kommen läßt (vgl. S. 45). Ihr Zustand ist klar:

> „Ich denke an Ivan.
> Ich denke an die Liebe.
> An die Injektionen von Wirklichkeit.
> An ihr Vorhalten, so wenige Stunden nur.
> An die nächste, die stärkere Injektion.
> Ich denke in der Stille.
> Ich denke, daß es spät ist.
> Es ist unheilbar. Und es ist zu spät.
> Aber ich überlebe und denke.
> Und ich denke, es wird nicht Ivan sein.
> Was auch immer kommt, es wird etwas anderes sein.
> Ich lebe in Ivan.
> Ich überlebe nicht Ivan" (S. 43).

Hier ist die ständige Verdrehung von Krankheit und Gesundheit zu erkennen. Das Gesunde erscheint unter dem Vorzeichen des Kranken und umgekehrt. Die neue emphatisch begrüßte Welt der Liebe strahlt Hoffnung aus und belebt zugleich eine stärker erscheinende innere Verzweiflung. „Malina", das „divergierende" (S. 129) zweite, denkende, logistische, realistische, „männliche" Ich der Heldin wird im Lauf der Ivan-Beziehung dominanter. Der „Retter" Ivan wird immer mehr „Betreuer". Die in „Obhut" Genommene wird immer mehr ein Wesen, das sich nicht behaupten, nur noch verteidigen kann. Es zieht sich zurück vor lauter Du-Gutsagen und Aggressionsunfähigkeit. So geht der Zustand „Glücklich mit Ivan" verloren. Wie sehr er von Anfang an von etwas Negativem infiziert war, das wird aus den immer wieder notierten Sprachfetzen und „Halbsätzen" der Telefondialoge deutlich, deren ersten wir neben den letzten stellen wollen, um diesen Vorgang sichtbar zu machen.

> „Hallo. Hallo?
> Ich, wer denn sonst
> Ja, natürlich, verzeih
> Wie es mir? Und dir?
> Weiß ich nicht. Heute abend?
> Ich verstehe dich so schlecht
> Schlecht? Was? Du kannst also
> Ich höre dich nicht gut, kannst du
> Was? Ist etwas?
> Nein, nichts, du kannst mich später noch
> Natürlich, ich rufe dich besser später an
> Ich, ich sollte zwar mit Freunden
> Ja, wenn du nicht kannst, dann
> Das habe ich nicht gesagt, nur wenn du nicht
> Jedenfalls telefonieren wir später
> Ja, aber gegen sechs Uhr, weil
> Das ist aber schon zu spät für mich
> Ja, für mich eigentlich auch, aber
> Heute hat es vielleicht keinen Sinn
> Ist jemand hereingekommen?
> Nein, nur Fräulein Jellinek ist jetzt
> Ach so, du bist nicht mehr allein
> Aber später bitte, bitte bestimmt!" (S. 36).

Man erkennt einen Partner, der realitätsbezogen spricht, der sozusagen den Kompromiß zwischen dem „Du" und dem jeweiligen „Es", dem sachbezogenen, aushandelt. Anders die Heldin: nachsichtig, nachgiebig, bittend. Noch ist die Beunruhigung unterschwellig, dann steigert sie sich unmerklich, langsam bis zu den Schritten in die Entfremdung, an deren Ende ein auf Fürsorglichkeit reduziertes Gespräch steht zwischen zweien, die sich nicht weh tun und nicht mehr nahe kommen können.

„Warum bist du denn, ich habe es dort versucht
Ich habe plötzlich, es war dringend, ich bin eben
Ist etwas, wir haben, ja, sie lassen dich grüßen
Ich habe auch herrliches Wetter gehabt, es war sehr
Du hast aber auch immer, wenn du aber unbedingt
Schade ist es schon, aber ich muß leider
Ich muß Schluß machen, wir müssen jetzt gleich
Hast du mir eine Karte, hast du noch nicht, dann
Ich schreibe dir in die Ungargasse, doch, bestimmt
So wichtig ist es auch nicht, wenn du kannst, dann
Kann ich natürlich, paß auf dich auf, mach mir keine
Nein, bestimmt nicht, ich muß jetzt Schluß machen!" (S. 178).

140 Seiten später haben sich die Außenwirklichkeiten verstärkt, ja die Herrschaft übernommen. Die Wenn-Dann-Sätze nehmen zu, die resignativen Untertöne auch. Die Alltagsbanalität drängt sich ein, drängt sich auf. Der Schluß der Geschichte „Glücklich mit Ivan" ist eine typische Ingeborg-Bachmann-Figur: Glück als „Passionsgeschichte", das Einschwingen in das große Oxymoron der „bitteren Süße" (Gottfried von Straßburg), des „Weh-Froh-Menschentums" (Thomas Mann), aber mit dem Übergewicht der Schwere:

„Ich bin vermählt, es muß zu einer Vermählung gekommen sein. Ich werde nicht mehr auf die Karten vom Mondsee warten, ich werde meine Geduld vergrößern, wenn ich so zusammengetan bleibe mit Ivan, ich kann das nicht mehr abtun von mir, denn es ist, gegen alle Vernunft, mit meinem Körper geschehen, der sich nur noch bewegt in einem ständigen, sanften, schmerzlichen Gekreuzigtsein auf ihn. Es wird für das ganze Leben sein" (S. 179).

Diese Einmaligkeit und damit auch Unwiederholbarkeit erwächst aus der Konvergenz – „Ivan und ich: die konvergierende Welt." (S. 129) – die Passion liegt in der Tiefe der Erinnerung des Leibes, die durch vernünftiges Vergessen nicht vertrieben werden kann. Der andere Zustand, „die stärkste Macht in der Welt", die ohnmächtige Liebe, ist vorübergehend, und ihn zu erhalten, erweist sich als eine der Erfindungen, zu denen die Heldin neigt, und ist doch mehr wirkliches Sein als die zerstörerische Realität, die nur noch aktenkundig gemacht werden kann, ein Job für Malina im „Heeresministerium".

Auch hier also die Stärke und Zerbrechlichkeit des gläsernen Glückes, seine Zeitlosigkeit und sein Vergehen, seine „ewige" Tragekraft („Vermählung") und seine sinnlose Verkettung in eine Geschichte von Leiden („Passion"). Die das Kreuz der Welt auf dem Rücken spürte, ist nun die gekreuzigte Braut, und langsam schwindet das befreiende Gedächtnis, Ich löst sich auf in der Wand:

„Ich habe in Ivan gelebt, und ich sterbe in Malina ... Ich bin an die Wand gegangen, ich gehe in die Wand, ich halte den Atem an ... Es ist eine sehr alte, eine sehr starke Wand, aus der niemand fallen kann, aus der nie mehr etwas laut werden kann" (S. 354–356). Darauf folgen die drei letzten Worte des Romans: „Es war Mord".

Bleibt offen, wer der Mörder ist. „Ich hätte noch auf einen Zettel schreiben müssen: Es war nicht Malina." (S. 354) Malina bleibt ja übrig und hebt den Hörer ab, als Ivan anruft: „hier war nie jemand dieses Namens" (S. 355). Der namenlose Kern des „Ich" ist aufgesaugt in der Identität eines Chronisten der Oberfläche, der Realität. Er ist untergegangen im „krisenfesten Elend", eingemauert wie eine untreue Frau, aber aus den entgegengesetzten Motiven. Es gibt eben, sagt Ivan an einer Stelle, nur „Klagemauern", keine „Freudenmauern" (S. 59), Geschichte als Passion, nicht als Auferstehung, die von Ingeborg Bachmann „umgesetzten" biblischen Motive, deren Umkehrung sie beschreibt. Erst: „daß ich auferstanden bin ... weil Ivan erstanden ist" (S. 59), dann die Rückkehr über die Passion in die Wand, in die Kruste der Oberfläche.

Man kann, sagen die Interpreten mit Recht, Ingeborg Bachmanns Roman „Malina" auf verschiedene Weise lesen, hochästhetisch, feministisch, metaphysisch. Aber er hat auch etwas vom Motiv des Hohen Liedes, vom Finden und Verlieren. Am Schluß des Ivan-Kapitels irrt „Ich" wie die Braut des Hohen Liedes herum in Wien und wird von einem Parkwächter nach Hause geschickt.

Ist Finden und Verlieren ein Gesetz? Sind die Injektionen der Gesundheit nur wie Drogen von vorübergehender Wirkung – und dazu noch von zweifelhafter Wirkung für die Überlebensfähigkeit des Menschen? Die Antworten in der Literatur geben dafür mehr Bilder als Begriffe. Aber diese Bilder helfen, Erfahrungen zu verarbeiten.

3. Frauenliebe – Männerliebe

„Frauenliebe" kann in einem doppelten Sinne verstanden werden: als die Liebe *zu* den Frauen und als die Liebe seitens der
Frauen, also als Genitivus objectivus und als Genitivus subjecti-
vus. Wenn man an die geflügelten Worte im hohen Mittelalter
denkt – Frauenliebe, Frauenminne, Frauendienst –, dann denkt
man mehr an den Dienst für die Frauen und an die Liebe zu
den Frauen, man denkt weniger an die Liebe *von* den Frauen,
die sich jedoch in dieser Liebe *zu* den Frauen spiegelt. In den
Strukturzügen dieser Liebe seitens der Frauen sind Männerbil-
der herauszuarbeiten. Vielleicht zeigen sie, was im Horizont
dieses Gesellschaftsspiels „Frauenliebe" als Unterschied zwischen Mann und Frau erscheinen konnte. Wir können uns
dann mit diesem Unterschied auseinandersetzen. Ganz klar ist
dieser Unterschied dadurch markiert, daß Männer meist nicht
individuell lieben können, sondern daß sie nur eine typologi-
sche Auffassung von Liebe haben.

Ein Beispiel dafür ist die Liebe von Tristan und Isolde. Oft sieht
man vor allem dabei die Geschichte Tristans, von dem ja auch
mehr erzählt wird, denn er handelt als Ritter, Abenteurer, als
Künstler und Seefahrer. Tristan aber gerät als Mann ins Schwan-
ken, wenn es um die Eindeutigkeit und Einzigartigkeit der Liebe
geht, während Isolde, hier ganz eigenständig, ihre Tristanliebe so
sehr als die Vollendung ihres eigenen Wesens sieht, daß sie dafür
Tod und Verzicht auf sich zu nehmen bereit ist. Die Selbstlosigkeit, ja Selbstauflehnung beruht darauf, daß sie ihr Selbst nur
durch Tristan hindurch noch erfassen kann: „Ich will mich gerne
und gänzlich dahin bringen, mich und ihn aufzugeben, damit er
für mich und für sich lebt."

Diese Art der Liebe hat ihre Motive in der realen Liebesgeschichte zwischen Abaelard und Héloïse am Anfang des 12. Jahrhunderts.

Abaelard, der erste wissenschaftliche Theologe, der Begründer der Schultheologie als wissenschaftlicher Disziplin an den Domschulen, die die Universitäten vorbereiteten, verliebt sich in eine Privat-Schülerin, Héloïse, und wird von deren beleidigten Verwandten überfallen und entmannt. Die Liebe zwischen beiden wird nach ihrem Rückzug ins Kloster auf der Ebene geistigen und geistlichen Austausches fortgesetzt. Sie enthält alle Momente: das große Glück, die Bedrohung dieses Glücks durch die Konventionen, der Sturz ins Leiden, die Wiederbelebung der Beziehung auf einer neuen Stufe. Das alles ist in der „Historia calamitatum", der Unglücksgeschichte von Abaelard enthalten.

Paolo und Francesca

Um in einem späteren Text widerzuspiegeln, was diese Liebesgeschichte zwischen Abaelard und Héloïse im Horizont der damaligen Zeit bedeutete, zitiere ich aus Dantes „Göttlicher Komödie", aus den Höllengesängen, dem fünften Gesang, die Begegnung mit den in der Hölle schmorenden Liebespaaren. Unter anderem begegnet der Dichter auch „Francesca und Paolo". Francesca und Paolo wurden vom Ehemann der Francesca erstochen. Paolo war der Bruder dieses Ehemanns, des Giancotto Malatesta von Rimini. Francesca sagt:

> „Die Liebe raffte uns vereint hinweg
> Die Kainshölle harret unserem Mörder.
> So klangen ihre Worte zu uns her.
>
> Und als von ihrem Leide ich vernommen,
> Da senkte ich das Haupt und sah zu Boden,
> Bis daß der Dichter sprach: Was sinnst du so?
>
> Und drauf zur Antwort hub ich an: O wehe!
> Wieviel Gedanken, süß und sehnsuchtsvoll,
> Verführten sie zum letzten Schmerzensgang!

Dann wandt' ich mich zurück und sprach zu ihnen,
Beginnend so: Francesca, deine Leiden
Beweine ich mit innigem Mitgefühl.

Doch sage mir, als ihr noch heimlich seufzet
Wie weit erlaubte da und wie die Liebe
Den Wunsch des Herzens euch zu offenbaren?

Und sie zu mir: Es gibt nicht größern Schmerz,
Als sich beglückter Zeiten zu erinnern
Im Unglück; sieh, das weiß dein Lehrer auch.

Doch weil dich so danach verlangt zu wissen,
Wie erstlich unsre Liebe aufgekeimt,
So will ich unter Tränen es berichten.

Wir lasen eines Tags zu unsrer Lust
Wie Lancelot von Liebe ward umstrickt;
Wir war'n allein und dachten an nichts Böses,

Nur einige Male fing sich unser Blick
Beim Lesen und verfärbte unser Antlitz;
Doch was entschied, war nur die eine Stelle:

Als wir gelesen, wie ersehntes Lächeln
Von jenem Liebesritter ward geküßt,
Da hat auch er, der ewig bei mir bleibe,

Den Mund geküsset mir mit heißem Beben.
Ein Kuppler war das Buch und der es schrieb!
An diesem Tage lasen wir nicht mehr.

Die Geschichte von Lanzelot und Ginevra, die Paolo und Francesca miteinander lesen, ist eine Parallele zu Tristan und Isolde.
Ginevra ist König Artus', des Herrn der Tafelrunde, Gemahlin,
und Lanzelot ist sein bester Ritter, der um seiner Minne zu Ginevra willen unverheiratet bleibt. Es handelt sich um eine literarische Initiation der Liebe, um eine Metaphorik, die eine eigene
Welt schafft, in der die Menschen die Wirklichkeit so erleben,
wie die Metapher es will. Die Metapher bekräftigt sich selber, weil
die beim Lesen entstehende Liebe als wirklich bestätigt, was als

die beim Lesen entstehende Liebe beschrieben ist. Wir sehen den Wechsel zwischen Literatur und Leben – in der Literatur. So funktioniert ein feststehendes Motiv. Dieses Motiv wird verstärkt durch die Begegnung von Erzieher und Zögling. Sowohl in der Geschichte von Abaelard und Héloïse als auch in der Geschichte von Tristan und Isolde handelt es sich jeweils um einen Lehrer, der einer Schülerin verfällt und umgekehrt. Tristan lehrt Isolde die „schönen Künste", Musik, Literatur und „Moralität", hier als Inbegriff von Schönheit und Sittlichkeit begriffen. Erst der Liebestrank verwandelt die Lehrer-Schülerin-Beziehung in eine Liebesbeziehung. Psychologisch ist man aber bereits darauf eingestellt, daß die geistige Beziehung sich leiblich erfüllt.

Alle diese Geschichten kreisen um Liebe und Tod, wenn nicht, wie bei Abaelard und Héloïse, der Tod der fleischlichen Liebe die Erfüllung ihrer Beziehung im Leben zwar einschränkt, aber doch auch wieder möglich macht. Dem geistlichen Paar ist die Einheit im Leben erlaubt, die anderen finden sie nur noch im Tod.

Liebes- und Todestrieb hängen insofern zusammen, als Ekstase und Verschmelzung das Bewußtsein auflösen und damit die Ich-Du-Getrenntheit verschwindet. Die Nachbarschaft von Sexualität und Tod ist aber eine eher moderne Erkenntnis der Psychoanalyse Freuds. Die Todessehnsucht der Liebenden in unserer frühen abendländischen Literatur ist hingegen durch die Sehnsucht nach dem Überschreiten der Konventionen und Grenzen der Gesellschaft bedingt. Die Aufhebung der Getrenntheit ist dabei ebenso wichtig wie Endgültigkeit und Unzerstörbarkeit.

In einem Lied von Heinrich von Morungen (um 1200) wird das Todes- und Transzendenzerlebnis, das in der Verschmelzung der Liebessehnsüchte steckt, deutlich vom Mann beschrieben. Die „Frauenliebe" setzt sich fort in der Zusammengehörigkeit der Seelen. Es sind merkwürdige Dialektiken, die wir darin noch erkennen werden: auf der einen Seite stellt diese Frauenliebe eine Tendenz für die Verehrung der Leiblichkeit dar, auf der anderen Seite wird aber diese Leiblichkeit doch wieder in Geist, Seele, Transzendenz verwandelt:

„Süße, sanfte Mörderin ... glaubt Ihr, wenn Ihr mich tötet, / dann könnte ich Euch nicht mehr anschauen? / Nein, die Liebe zu Euch hat mich so weit gebracht, daß Eure Seele die Herrin meiner Seele geworden ist."

Abaelard und Héloïse

Das ursprüngliche Modell dieser Liebeserfahrung sind also Petrus Abaelard und Héloïse (vgl. „Liebesbriefe hinter Klostermauern", hg. von Sabine Spitzlei, Freiburg 1990). Petrus Abaelard ist 1079, in der Cluny-Zeit, geboren und am 21. 4. 1142 gestorben. Er ist in seiner Persönlichkeitsstruktur klar als jemand umrissen, der die Wahrheit über die Freundschaft stellt, also ein zu Bissigkeit, zu Polemik und zu Selbstbehauptung neigender Denker. Wahrscheinlich sind dies Persönlichkeitsstrukturen, die für eine Selbstbehauptung im Widerspruch zu einer rigide einengenden Umwelt erforderlich sind. Diese Umwelt ist in seinem Leben durch die Persönlichkeit des Bernhard von Clairvaux, seinem Hauptgegner, gekennzeichnet.

Abaelard gegenüber steht Héloïse, 1101 geboren, also 22 Jahre jünger, 1164 gestorben. Seltsamerweise ist sie genauso alt geworden wie er. 22 Jahre hat sie ihn überlebt.

Und nun die Story: Sie beginnt 1118, Héloïse ist 17 Jahre, Abaelard 39/40 Jahre alt. Beide haben noch keinerlei sexuelle Erfahrungen. Abaelard ist Kleriker, aber nicht geweiht. Er wird von ihrem Onkel, einem Domherrn, als Privatlehrer angestellt. Der Domherr kann sich den berühmten Professor als Privatlehrer für seine begabte Nichte leisten, die nicht nur an körperlicher, sondern auch an geistiger Schönheit besonders hell erstrahlen soll. Auf der anderen Seite braucht Abaelard Kost und Logis, um für seine Arbeit frei zu sein. So der Kontrakt. Die beiden lesen miteinander antike Literatur. Jetzt sind wir an der dramatischen Stelle: durch das Lesen kommt die Liebe. Es kommt zum erotischen Verhältnis, wir haben die Szene eben bei Paolo und Francesca aus der Feder Dantes gelesen. Abaelard erlebt eine ganz andere Seite seiner selbst, der Intellektuelle entwickelt Emotionen, nicht nur im Sexuellen, das für ihn auch eine umwerfende Erfahrung gewesen sein muß, sondern auch im Erotischen. Er besingt Héloïse unerkannt in Liebesliedern, die dann auf den Gassen in Paris gesungen werden, wie Héloïse zu ihrer Freude hören kann. Aber es ist ein in diesem Sinne kurzes Glück. Héloïse wird schwanger, das Paar flieht, Abaelard, der Theologe und Moralist, besteht darauf, daß sie heiraten. Sie werden heimlich getraut, gegen den Willen Héloïses, die zwar mit einer lebenslangen Liebe, aber nicht mit der Institution Ehe einverstanden ist, und zwar deswegen, weil diese Institution Ehe, das weiß sie ganz genau, die Karriere des Klerikerprofessors behindern wird. Eine Szenerie, die wir ja von heute her durchaus kennen. Sie schließen einen Kompromiß, es wird geheiratet, aber die Ehe wird um der Karriere willen geheimgehalten. Und das ist der Grund, weshalb der Onkel und Domherr mit der Situation unzufrieden ist, die ihm noch vor der Geburt des Kindes hinterbracht wird, und er dingt einige Verwandte, die Abaelard nachts überfallen und kastrieren. Der Humanist Abaelard erleidet einen zutiefst inhumanen Gewaltakt: Abaelard geht in ein Kloster und wird später Abt von St. Gildas in der Bretagne. Mit seiner Hilfe gründet Héloïse ein Frauenkloster, den „Parakleten", wo sie schließlich auch ihren Sohn erziehen kann. Hier übt sie sich in das geistliche Leben ein, nicht ohne Hilfe von Abaelard, wie wir dem Briefwechsel mit ihm entnehmen können.

Die Erfahrung, die die beiden miteinander gemacht haben, wird ihrerseits literarisch. Der Briefwechsel zwischen Abaelard und Héloïse wird noch zu Lebzeiten des legendären Paares, nämlich nach 1130, von Abaelard redigiert und veröffentlicht. Man muß sich vorstellen: zu dieser Zeit ist Héloïse ungefähr 30 Jahre alt; sie ist Vorsteherin in einem Kloster und hat einen Sohn. Sie kann also öffentlich lesen, was sie in intimsten Worten ihrem Freund und Ehemann, dem Abt Abaelard, geschrieben hat. Das Gedächtnis, das in diesen Briefen zum Ausdruck kommt, ist bei Mann und Frau ganz unterschiedlich. Und weil es so unterschiedlich ist, gibt es auch von dieser Geschichte in ihrer literarischen Version zwei Lesarten, die z. B. Irving Singer, der ein dreibändiges Werk über „The Nature of Love" geschrieben hat, als die Lesart der „catholic legend" against the „humanist legend", also der katholischen Legende gegen die humanistische Legende betrachtet. Dies setzt freilich eine Einengung der Vorstellung vom Katholischen voraus, so daß „katholisch" hier quasi für anti-humanistisch stehen kann.

Es ist aber nicht zu übersehen, daß das auch die Alternative ist, wie sie sich in der unterschiedlichen Erfahrung zwischen dem Mann und der Frau entwickelt. Die „katholische" oder antihumanistische oder dualistische Legende: das ist die Version von Petrus Abaelard. Er beschreibt die erste sexuelle Erfahrung, die er mit Héloïse gehabt hat, als die Opferung des Lammes für den Wolf. Er selbst ist der Wolf, Héloïse ist das Lamm, ein Bild, das sie vehement bestreitet. Er begreift sich sozusagen als den niedrigen Verführer. Es geht ihm um seine Verhängnisgeschichte, nicht nur in diesem Bereich der Liebe, sondern auch in vielen anderen Verfolgungen, die er zu seiner eigenen Demütigung erlitten hat, die ihn aber auch spirituell verwandelt haben, so daß er sich schließlich als asketischer Mönch neu annehmen kann.

Abaelard beschreibt den Sieg der Kastration. Mit diesem Sieg der Kastration ist zugleich die Niederlage der Trauerarbeit verbunden, denn die Liebesgeschichte *vor* der Kastration wird als Liebe im Guten nicht akzeptiert, sondern sie wird bestenfalls als Katalysator für die bessere Liebes-Geschichte betrachtet. Abaelard wendet sich ständig gegen Héloïses Wertschätzung der Erinnerung, ihre Selbstlegitimation der erotischen Liebe in den sexuellen Beziehungen, die bei ihr immer wieder in Phantasien und Körpergefühlen auftauchen, von denen Abaelard selbst keine einzige beschreibt. Er beschreibt übrigens auch nicht die leibliche Schönheit Héloïses. Die Möglichkeit der literarischen Form der Frauenliebe, die ihn in Paris zu Liedern führte, wird von ihm nicht mehr genutzt. Die Lesart Abaelards ist Verwandlung von Fleischeslust in Demut und Gottesdienst. Was er dabei nicht sieht, ist die Verwandlung der *einen* Instrumentalisierung, nämlich der Frau durch die Fleischeslust des Mannes, in die *andere* Instrumentalisierung, nämlich der Frau für den „männlichen" Gottesdienst. Sie wird ja angehalten, mit ihm in einem anderen, einem spirituellen Verhältnis wahrhaften Gottesdienst zu leisten. Außerdem neigt Abaelard in seiner Version dazu, diese Geschichte zu objektivieren. Zuerst war „es" die Plage des Triebüberschusses, dann wurde „es" wenigstens geheiligt durch die

Institution der Ehe, und schließlich wird „es" noch mehr geheiligt durch den Verzicht eben darauf, durch die höhere Form des Zölibates beider.

Ganz anders ist die Deutung Héloïses, eine humanistische Deutung. Sie akzeptiert den natürlichen Charakter ihrer sexuellen Intimität. Um dies deutlich zu machen, läßt man sie am besten selbst sprechen: „So süß waren für mich diese Vergnügungen der Liebenden, die wir gemeinsam genossen, daß sie mich in meiner Erinnerung nicht mißvergnügen können. Sie können mir im nachhinein nicht mißfallen, und ich kann auch nicht an ihnen vorbeigehen. Wo immer ich mich befinde, wohin ich gehe, diese Szenen kommen immer wieder vor meine Augen und die Sehnsucht nach ihnen bleibt in mir enthalten. Auch wenn ich schlafe, ersparen sie mir ihre Gaukelbilder nicht. Sogar während der Feierlichkeiten der Messe, wenn es darum geht, daß das Gebet von der reinsten Art sein muß, sind die dunklen Schatten dieser Lüste so durchdringend, daß ich ihnen selbst nicht einmal in meinen Gebeten entkommen kann. Ich kann sie einfach nicht vergessen. Es geht nicht nur um die Dinge, die wir getan haben, sondern auch um die Plätze, um die Orte, um die Zeiten, in denen wir sie getan haben. Sie sind mit ihnen in meinem Gedächtnis so sehr festgeschrieben, daß ich sie zu denselben Zeiten und an denselben Orten immer wieder erneuere, nicht nur wenn ich schlafe, sondern auch im wachen Bewußtsein."

Ich habe den Text etwas frei übersetzt. Er macht deutlich, daß Héloïse in einer sehr großen Unbefangenheit über ihre „fleischliche" Beziehung zu Abaelard nachsinnt. Man wird zutiefst gerührt, wenn man sieht, wie Abaelard in diesem Briefwechsel ihr genau das auszutreiben versucht. Und das tut er mit äußerster Intensität, mit allen möglichen intellektuellen Dialektiken, aber natürlich auch mit der augustinischen Stufenlehre von einem wahrhaft spirituellen Leben, gewiß auch mit der Drohung mit den apokalyptischen Folgen, wie wir sie – literarisch verspielt – im „Höllenbesuch" bei Dante vor uns haben. Es ist wirklich dramatisch und berührend, wenn man sieht, wie Héloïse dem Mann schließlich nachgibt. Und zwar, wie es scheint, nicht aus Einsicht. Ihre humanistische Version gibt sie aber wenigstens literarisch auf. Man glaubt nicht recht daran, daß sie sie in Wirklichkeit aufgibt. Aber sie schweigt darüber, weil sie immer bereit war, diesen Mann um seiner selbst willen, das heißt auch, ihn um seiner Illusionen und Ideen willen zu lieben, und so läßt sie sich denn, man kann fast sagen: mit einem Schuß Resignation, auf seine eigenen, kirchlich domestizierten Vorstellungen ein. Es ist, wie gesagt, ein Sieg der Kastration über die Liebe, der seelischen Kastration, die Abaelard vollzieht, um die leibliche Kastration als ein positives Element, als ein erzieherisches Ereignis in seine spirituelle Biographie aufnehmen zu können. Man weiß dabei nicht einmal, ob etwa dieser Briefwechsel nicht auch dazu geschrieben ist, um in der Wiederholung des Augustinus-Lebens der Öffentlichkeit zu zeigen, wie sehr er doch gelitten hat und daß es nun vielleicht genug sei und daß man ihn, vor allem seitens seiner Gegner, endlich in Ruhe leben und arbeiten lassen solle. Er ist zu diesem Zeitpunkt schon ein Mann über 50, was damals ein relativ hohes Alter darstellt und eine Autobiographie im Sinne einer Bekehrungsgeschichte rechtfertigt.

Die Sache ist deswegen höchst komplex, weil man sich ja die Frage stellen muß, ob Abaelard diese Briefe nicht auch in irgend einer unterschwellig verborgenen Absicht „redigiert" hat. Ich denke, sie sind, ebenso wie auch Héloïses Briefe, authentisch. Wenn man davon ausgeht, dann muß man aber zugleich sehen, daß der Herausgeber Abaelard mit diesen Briefen innerlich noch nicht fertig geworden ist und daß er Héloïses Liebesauffassung möglicherweise auf diese Weise, von einem eher unterschwelligen Motiv bewegt, unter die Leute bringt. Er war ja ein Dialektiker, der sehr wohl darum wußte, daß das, was er als überwunden beschreibt, dennoch möglicherweise ein Eigenrecht gegen seine Domestikation behält.

Um noch einmal auf den Gegensatz zwischen Abaelard und Héloïse hinzuweisen: Die Figur des Abaelard enthält Elemente des Spiritualismus, ferner des Aufklärertums, wie es zu seiner Funktion als Wissenschaftler paßt, und schließlich des Sinnenmenschen. Aber diese drei Aspekte, der Sinnenmensch, der die Songs für die Straße von Paris geschrieben hat, der Spiritualist, der die fleischliche Liebe aus einer Demütigung in spirituelle Demut verwandelt, d. h. in spirituelle Kastration, und der Aufklärer, sie sind in einer merkwürdigen Weise bei Abaelard miteinander unverbunden, nicht ineinander aufgelöst. Abaelard gesteht Héloïse, und sie widerspricht in *diesem* Punkte nicht, er liebe sie nicht um ihrer selbst willen, sondern um des Fleisches willen – wie der Wolf das Lamm – oder um des geistigen Prozesses willen, d. h. um Gottes willen. Es ist *entweder* fleischliche Liebe *oder* spirituelle Liebe. Es ist nicht die Liebe, die wir heute als Muster der bleibenden Liebe zwischen Mann und Frau sehen, die Liebe des gegenseitigen Wohlwollens, der gegenseitigen Gutheißung. – Es ist gut, daß du da bist, es ist gut, daß du so bist. Im Gegensatz dazu steht die Liebe als eine Befriedigung des Begehrens. Héloïse erniedrigt sich, sie degradiert sich, sie opfert sich, und sie hat dabei wirklich nur das Heil des Mannes im Auge, den sie liebt. Das heißt, so lautet die metaphorische Dominanz in dieser Welt: die Frau liebt den Mann, der Mann liebt Gott. Und doch läßt mich, was hier vom „Opfer" gesagt wird, das Héloïse dem Mann bringt, merkwürdig unbefriedigt. Es gibt sicher den Beleg dafür, daß sie als Schwangere der Meinung ist, sie sollten nicht heiraten; sie spricht sich eindeutig gegen die Ehe aus und ist bereit, das Schicksal einer unverheirateten Dirne zu ertragen, mit ihrem Sohn bei der Verwandtschaft oder in einem Kloster „aufgeräumt" zu werden. Aber ich denke, daß das nicht ganz richtig gesehen ist, denn es ist ja *ihre* Liebe, der sie folgt. Es ist *ihre* Version von der Beziehung zwischen Mann und Frau, in der beide *einander* um ihrer selbst willen lieben, die sie durchzusetzen versucht.

In einem Punkte scheint Abaelard ein Schüler der Héloïse zu sein. In der Liebe Gottes um Gottes willen erscheint die Liebe der Menschen um der Menschen willen. Aber die Sache bleibt merkwürdig widersprüchlich. Denn man könnte auch sagen, daß die Konzeption von der Liebe, die der Mann *hat*, die Frau als Gegenpol dazu führt, eine solche Konzeption von ihrer Liebe zu haben. Es ist sicherlich eine wechselseitige Beeinflussung. Es handelt sich bei Héloïse nicht um ein pathologisches Opfer, sondern eher um den Triumph der Treue der Frau zu sich selbst. Diese „nichtpossessive Liebe", die der Theologe Abaelard nur in seinem Verhältnis zu Gott sehen kann, ist auch als zwischenmenschliche, humanistische Möglichkeit zu begreifen. Das heißt bei Héloïse, sich in einem persönlichen Stil, nicht in einem normativen Urteil, gegen die Institution des Zölibates *und* die Institution der Ehe, insofern sie eine Institution zur Regelung von Lust, Besitz und Nachkommenschaft ist, zu wenden. Sofern die Ehe unter diesem Vorzeichen, d. h. unter der Herrschaft von außerhalb der Beziehung liegenden Zwecken steht, wird sie von Héloïse abgelehnt.

Nach der „Frauenliebe" Héloïses hat die Beziehung zu einem Mann einen Sinn in sich selbst. Dieser Sinn kommt nicht erst durch äußere Zwecke hinein, wie sie Männer erfunden haben, Zwecke, die dann in festen Ordnungen geschützt sind. Insofern ist Héloïse eine Vorbotin sowohl des Gedankens „Liebe statt Ehe" (s. u.) als auch eine Prophetin gegen die Abspaltung von leiblicher und geistlicher Liebe. Isolde ist ihre höfische Verwandte, von gleichem Geist beseelt, aber weltlicher orientiert. Beide scheinen auf eine höhere barmherzigere Liebe Gottes zu vertrauen, in welcher das geborgen ist, was vor der Norm der Welt als falsch erscheint. Das in demokratischer Zeit emanzipierte Modell der Liebesehe wäre für beide wohl akzeptabel gewesen. Unter seinem Vorzeichen ist weder das Unglück Abaelards noch Isoldes Preisgabe an Marke denkbar.

Die männliche Abspaltung von Sex und Liebe

Wo Männer über „Frauenliebe" sprechen, da haben sie unterschiedliche Formen für Liebe mit Sex (das „Tagelied") und für Liebe ohne Sex (die hohe Minne) entwickelt. „Teile und herrsche", dieses Motto verbirgt sich hier unter den Formen des Dienstes: aus Lust und aus der Liebe. Als Beispiel mag dafür ein „Tagelied" Heinrichs von Morungen († 1222) dienen. Das „Tagelied" schildert im Gegensatz zum öffentlichen Frauendienst jene Szenerie, bei der der Ritter, der mit einem Mädchen – möglicherweise niederen Standes – geschlafen hat, sie am Morgen verlassen muß. Es handelt sich um die Szenerie, die wir von Romeo und Julia auf dem Balkon kennen. Im Tagelied heißt es in der letzten Strophe:

„Er konnte nicht aufhören
mich immer wieder anzuschauen.
Ohne meine Kleider wollte er
mich Arme nackt schauen,
es war ein großes Wunder,
daß er dessen nicht müde wurde.
Darüber kam der Tag."

Daß er nicht müde wird, mich anzusehen, mich Arme, das ist ein „Wunder", sagt die Frau, oder besser: läßt der Mann die Frau sagen. Da wird deutlich sichtbar, daß die junge Frau sich als jemand begreift, der durch das Höhere geehrt wird, selbst in der fleischlichen Liebe, und daß sie sich selbst wie im Spiegel in den Blicken des Mannes sieht. Der Mann legt ja hier der Frau die Worte in den Mund. In diesem Spiegel sieht man aber auch, wie der Mann sich *selber* sieht. Er ist Mensch zwischen „niederer" Minne (im Tageslied) und „hoher" Minne (im Frauendienst). In der „hohen" Minne dient er der Seele der Frau, und für diesen Dienst gilt nicht einmal der Tod als Grenze, in der niederen Minne gelten Abschied und Trauer. Es sind zwei Sorten von Trauer: die Trauer des Abschiedes in der niederen Minne, die Trauer des Sängers der unerfüllten Sehnsucht in der hohen Minne. Der Mann ist gespalten in den verehrenden Eros ohne Sex, die hohe Minne, und Eros mit Sex, in welchem er gleichsam verehrt wird.

Selbstverständlich ist die Typologie nicht ganz so einfach. Heinrich von Morungen und Walter von der Vogelweide haben eine Reihe von Liedern geschrieben, um diesen Dualismus wieder zu überwinden. Wolfram von Eschenbach hat ja sogar Lieder darüber geschrieben, daß man mit der eigenen Ehefrau glücklich und sinnenfroh sein kann.

Die Männer können also auch von der Erfahrung der Frauenliebe her verstehen, nicht nur die Frauenliebe als Produkt ihrer eigenen Phantasie darstellen. Die Begegnung mit den Bedürfnissen der Frauen hilft, den Dualismus zu überwinden. Dieser Dualismus begründet ja heute noch die Männerherrschaft mit, welche die Frauen in respektierte und benutzte teilt. Die Bedürfnisse der Frauen sind oft nur indirekt zu erschließen. In einer Männerkultur des „Frauendienstes" wie im Mittelalter, von dem wir mehr noch in uns haben als wir wahrhaben wollen, werden sie verschwiegen. Indem wir etwas über die Männer lernen, verstehen wir die Frauen.

Die Männer Isoldes: Marke und Tristan

Ähnliches über die Männer lernen wir im „Tristan". Gottfrieds „Tristan" ist etwa um 1205 bis 1210 entstanden und steht in jener Tradition, die 1150 begonnen und ihre geistige Form durch die Geschichte von Abaelard und Héloïse gefunden hat. Das ließe sich an vielen Stellen nachweisen: die Initiierung der Liebe geschieht über das Lehrer/Schülerin-Verhältnis, und dieses wird von Gottfried von Straßburg auch sehr innig beschrieben. Aber worauf ich hinaus will, sind auch hier die beiden Lesarten, die Lesarten der Männer und die Lesarten der Frauen.

Die Lesarten der Männer werden für uns zunächst greifbar, indem wir uns den Eheherrn Marke ansehen, greifbar in einem Text über die Blindheit seiner Liebe. Die Szene, die hier beschrieben wird, ist die Rückkehr von Tristan und Isolde nach der Verbannung in die Waldhöhle. Marke läßt sie ja wiederkommen, weil er sie in der Waldhütte gesehen hatte, im Bette, mit dem Schwert zwischen sich. Er hat einen Anlaß, ihnen wieder zu trauen, aber er traut ihnen letztlich doch nicht so ganz. Gottfried von Straßburg definiert diesen Mann durch die Begierde, durch „lust und gelange", wie es im Mittelhochdeutschen heißt.

> „Er besaß in seiner Frau
> keine Liebe noch Zuneigung
> und auch keine jener ehrenvollen Vorzüge,
> die Gott jemals schuf,
> außer daß sie wegen seines Ranges genannt wurde
> Herrin und Königin
> dort, wo er rechtmäßig als König herrschte.
> Das alles nahm er hin
> und behandelte sie stets mit großer Zuneigung,

als ob sie ihn liebte.
Hier war jene törichte
empfindungslose Blindheit,
von der ein Sprichwort sagt:
‚Die Blindheit der Liebe
macht außen und innen blind.‘
Sie verblendet Augen und Verstand.
Was sie genau sehen,
wollen sie nicht sehen.
So war es auch mit Marke.
Er wußte todsicher
und sah genau, daß Isolde, seine Frau,
mit Leib und Seele
in der Liebe zu Tristan
völlig aufging.
Und doch wollte er es nicht wahrhaben.
Wem kann man nun die Schuld geben
an dem ehrlosen Leben,
das er so mit ihr führte?
Denn gewiß täte der Unrecht,
der es Isolde vorwürfe
als Betrug.
Weder sie betrog ihn noch Tristan.
Er sah es doch mit eigenen Augen
und wußte es auch, ohne es zu sehen,
daß sie ihn nicht liebte.‘‘

Diese Szenerie kann man ohne weiteres mit anderen Szenen ergänzen. Eine entscheidende Szene ist die erste sexuelle Begegnung, in der zunächst die Braut Isolde dem König Marke in der
Hochzeitsnacht entzogen wird, weil sie ja nicht mehr Jungfrau ist
und stattdessen durch die Jungfrau Brangäne ersetzt wird. Ein
Schwankmotiv: da muß mitten in der Nacht die Person gewech-
selt werden, damit der Ehrentrunk nach Vollzug des Beischlafes
bei Licht an die richtige Frau gereicht werden kann, und dann um-
armt Marke erst die Brangäne und nach dem Ehrentrunk noch die
Isolde. Und jetzt kommt der entscheidende Punkt: Er merkt den

Unterschied zwischen den Frauen nicht. Seinem „gelust und gelange" ist es gleichgültig, um welche Person es sich handelt. Von
daher zäumt Gottfried von Straßburg die ganze Sache auf. Der
Eheherr, der Herr von Lust, Besitz und Nachkommenschaft, der
liebt zwar, aber er liebt auf eine Weise, die nicht zum Personkern
der geliebten Frau durchdringt, sie also nicht um ihrer selbst willen lieben kann. Und deswegen geschieht ihm alles Leid, das geschieht, zu Recht. In dem berühmten zweiten Minneexkurs, der
auf die Szenerie, die ich eingangs beschrieben habe, folgt, geht es
genau darum, die Frauenliebe als Liebe seitens der Frauen zu be-
grüßen. Das beginnt mit einer großen heilsgeschichtlichen Show,
bei welcher sich Gottfried von Straßburg blasphemisch gegen das
Paradiesverbot wendet und Gott vorwirft: „wer nur verbieten
wollte lan, der haete allen wolgetan." Er kann das Verbot nur unter der Perspektive des Sexualverbotes sehen, denn was hier als
Frucht verboten wird, das ist die „vîge", die Feige, und das ist das
weibliche Geschlechtsorgan. Er folgt mit seiner Auslegung einer
bestimmten Tradition. Und dieses Sexualverbot ist die Quelle allen Übels. Wir sind also nicht weit von Sexualforscher Wilhelm
Reich entfernt. Es kommt darauf an, die Diskriminierung der
Liebe, die zerstörende Kraft der Verbotsmoral oder der gesellschaftlichen „huote", des Wächteramtes, das mit Sanktionen die
Verbotsmoral intakt hält, zu durchbrechen und zu etwas anderem
vorzudringen: zum Eigenwillen der Frau. Zu der Frau, der man
vertrauen kann, weil sie, wenn sie sich selber folgt, wenn sie „die
rechte Liebe zu sich selbst hat", heißt es wörtlich, auch imstande
ist, den anderen um seiner selbst willen zu lieben. Man soll die
Frauen nicht dazu bringen, daß sie „tugenden wider ir art". Männliche Tugenden gegen ihre eigene Lebensart und gegen ihr eigenes
Wollen zu entwickeln ist möglich, aber nicht richtig: denn die
Frau wird dann „ein man mit muote", sagt Gottfried von Straßburg ironisch. Sie ahmt die Männer nach, die „Ehre" ist ihr dann
wichiger als die Zusammenschau des Eros mit der Humanität, mit
der „moraliteit". Es ist kein Wunder, daß das Gelingen der Liebes-
szenen in diesem Roman nur in einer Waldgrotte möglich ist, in
der Höhle, wenn man so will, im weiblichen Uterus der Liebe. Es
ist der Versuch, die Offenheit, die Unbefangenheit wieder zu ge-

winnen, die in einer Liebe, die aus dem Herzen der Frau unmittelbar hervorgeht und dann von den „edlen Herzen", und das sind die Adressaten des Gottfried von Straßburg, verstanden wird. An diese Liebe reichen die Männer nicht heran, auch Tristan nicht. Das ist der große und tragische Schluß des Gottfried-Romans, denn Tristan spielt am Schluß mit dem Verrat der Liebe. Die Begegnung mit Isolde Weißhand hat bei Gottfried die Funktion, Tristan in die Lage zu bringen, die Unterschiede zwischen den Personen zu verwischen. Natürlich geschieht das in Verzweiflung: durchdrungen von der Sehnsucht nach der geliebten Isolde, gestört von der Vorstellung, daß Isolde die Lust der fleischlichen Liebe mit ihrem Ehemann genießt. Vor sich sieht er eine schöne Frau, Isolde Weißhand, die er gerade durch das „Lesen" gewonnen hat – das ist wie später bei Dante: er liest ihr vor, er singt seine Gedichte auf die schöne Isolde, die Namensverwechslung bringt es mit sich, er wird total verworren, und er ist nahe daran, Isolde zu verraten. Und der Verrat Isoldes und seiner Liebe bedeutet seinen Tod, so daß der Tod sozusagen mehrdeutig ist: es ist der Tod des Verrates und zugleich aber auch die Erfüllung der Liebe. So ist dieser berühmte Tristan-und-Isolde-Tod Mißverständnis und Erfüllung zugleich. Er ist komplex in seiner Deutbarkeit.

Tristan kann die männliche Spaltung in der Liebe nicht überwinden, doch Isolde bleibt sich selber ständig treu: sie folgt der unverfälschten Regung ihres Herzens. Sie wäre wohl auch imstande, das Eheinstitut zu negieren, als es nach dem Liebestrank um die Alternative geht, inwieweit man nun diesen Ehevertrag verraten darf. Mann hat Angst um die Ehre, darum, ein ehrloses Leben zu führen. Das wahrhaft ehrlose Leben ist aber das Leben der Männer, die nicht auf den Willen der Frau achten, wenn sie liebt. Darum geht es letztlich.

Die Utopie der Frauenliebe

An einer Stelle des Tristan ist, wie mir scheint, das Glaubensbekenntnis Gottfried von Straßburgs niedergelegt, nämlich die letztlich christliche Utopie von der gleichen Liebe zwischen Mann und Frau in einer anderen Art von Ehe als jener, die der Lust, dem Besitz und der Nachkommenschaft dient:

„Eine Frau, die ihre Wesensart
sich selbst gegenüber hochschätzt,
um der Welt zu gefallen,
soll von der Welt
geehrt und gerühmt werden.
Alle Menschen sollten sie schmücken und bekränzen
mit täglich neuen Ehrungen
und so mit dem ihren auch ihr eigenes Ansehen
steigern.
Wem sie sich zuwendet,
wem sie vollständig schenkt
sich selbst und ihr Herz,
ihr Gefühl und ihre Liebe,
der ist zum Glücklichsein geboren,
der ist von Geburt an auserwählt
zu ewiger Seligkeit,
der trägt das Paradies auf Erden
in seinem Herzen.
Der muß nicht fürchten,
daß die Stacheln ihn verletzen,
wenn er nach den Blumen greift,
oder daß die Dornen ihn stechen,
wenn er die Rosen pflücken will.
Dort gibt es weder Stacheln noch Dornen.
Der Zorn, der wie Disteln brennt,
hat dort überhaupt nichts zu schaffen.
Die rosengleiche Versöhnung
hat dort alles ausgerottet,
Dornen, Disteln und Stacheln.
In diesem Paradies
entsprießt dem Zweige,
ergrünt und wächst nichts,
als was das Auge erfreut.
Es erblüht überall

von weiblicher Vollkommenheit.
Dort gibt es keine Früchte
als Treue und Liebe,
Ansehen und Anerkennung auf Erden.
Ja, in einem solchen Paradies,
das so freudenreich
und so maiengleich ist,
könnte ein glücklicher Mann
das Glück seines Herzens finden
und die Wonne seiner Augen sehen.
Wo würde es ihm schlechter ergehen
als Tristan und Isolde?
Wer mir hier zustimmt,
der brauchte sein Leben nicht hinzugeben
für Tristans Leben.
Denn, wahrlich, wem eine rechtschaffene Frau
sich selbst und ihre Ehre hingibt
und sich mit beidem für ihn entscheidet,
ach, mit welchen Freuden gewährt sie es!
Mit welcher Zärtlichkeit umsorgt sie ihn!
Wie befreit sie all seine Wege
von Disteln und Dornen,
von allen Anfechtungen der Liebe.
Wie befreit sie ihn von Herzensqual,
so gut wie niemals irgendeine Isolde
ihren Tristan.
Ich bin fest überzeugt,
daß, wenn man richtig sucht,
noch viele Isolden leben,
an denen man all das finden würde,
was man suchen kann."
(Gottfried von Straßburg, Tristan, Band 2, Reclam
S. 487, Z. 18051–S. 489, Z. 18114)

Diese Isolde-Liebe ist die wahre Liebe, und die Männer sollen sich
auf die Suche machen, sie zu finden.

Die Überwindung der Gleichgültigkeit des Mannes und der Diskriminierung heute

Die im Mittelalter aufgearbeiteten Beziehungsmuster sind heute noch gültig. Zwar meldete sich das Selbstgefühl der Frauen in der Renaissance und in der Romantik zu Wort, zwar konnten Frauen wie Mechthild von Magdeburg oder Theresa von Avila auch ein Wort gegen Begierde nach Macht im Gewand der Fürsorge mit geistlich-prophetischer Autorität an Männer richten, aber die Wirklichkeitstreue der Frauen, ihr Gefühl für die Endlichkeit, für die Individualität des einzelnen Lebens konnten sich gegen ideologische Schichten nicht durchsetzen. Solange die Männer jeweils die Unterschiede zwischen Männern und Frauen, sei es um der Verehrung, sei es um der Herabsetzung willen definierten, solange konnte die „Frauenliebe" nicht durch sich selbst angesagt werden. Ihre Eigenart wurde und wird vom Mann zugewiesen. Viele Frauen haben dieses Spiel mitgespielt, manchmal in der begründeten Hoffnung, die Regeln unmerklich zu verändern.

Die Zuweisung der Gleichgültigkeit in allen Dingen, die nicht Beruf, Abenteuer, Besitz und Lust angehen, an die Männer mag unter Umständen empören. Aber sie ist leicht in der Normalität unserer Beziehungen nachzuweisen. Wie im Mittelalter wird der Mann exoterisch, nach außen gewandt, und die Frau esoterisch, nach innen gewandt, verstanden. Er kämpft nicht mehr wie im Phantasie-Abenteuer gegen Riesen und Ungeheuer im Wald und auf der Heide, aber er kämpft mit Maschinen und Bürokratien, mit Systemen und Konkurrenten, mit den Mächtigen und mit den Unfähigen, um seinen Anteil am Leben, den er vor den Ansprüchen der Liebe eifersüchtig hütet und in welchen er seine Unabhängigkeit kultiviert. Die Kehrseite davon ist die Gleichgültigkeit gegenüber Selbstfindungs- und Entfaltungsversuchen der Frau. Als sein Du, wenn und solange er sich ihr zuwendet, wird die Frau wie Dornröschen vom Wartestand in die Aktivität gerufen, und das Haus wird gleichsam in seinem Zustand eingefroren, wenn es der Mann verläßt. Die Selbstverständlichkeit, in welcher heute noch in überwiegender Mehrzahl Ausbildung und sozialer/ beruflicher Aufstieg der Beziehungs-Frau hinter Ausbildung und

Aufstieg des Beziehungs-Mannes zurückgestellt werden, der Anspruch auf Vereinbarkeit von Beziehung und Karriere seitens des Mannes, die Resignation der Hingabe angesichts der Unvereinbarkeit seitens der Frau, das alles sind Muster, die aus den Fäden des abendländischen Mittelalters gewebt sind. An der Schwelle eines Jahrtausends wird uns eher bewußt, daß das letzte Jahrtausend mehr Einheit in sich trägt, als die neuzeitlichen Einschnitte, Reformation und Revolution, vermuten lassen. Und doch hat die neuzeitliche Entdeckung der Subjektivität letztlich auch die Frauen an ihre Selbstwertgefühle erinnert.

Manche meinen, die Emanzipation der Frauen habe erst recht die Diskriminierung der Liebe zur Folge, weil nur an den „männlich" gewordenen Bedürfnissen der Frauen, z. B. am Bedürfnis der Vereinbarkeit von Liebe und beruflicher Selbstverwirklichung, von Beziehung und selbständiger Selbsterhaltung, also ohne die Ansprüche und Pflichten der Fürsorge, die Liebe zwischen Mann und Frau scheitern müsse. Bis in die fünfziger Jahre hinein war vom „ritterlichen Beschützen" (des Mannes) und vom „mütterlichen Behüten" (der Frau) die Rede. Das Beziehungsmuster aus Schutz und Pflege, aus Fürsorge und Hingabe schien allein bleibende Liebe zu garantieren. Aber es war doch eine Garantie, durch welche der Mann seine Besitzstände wahren wollte.

Im Grunde geht es heute nicht mehr um die selbstgesteuerte Änderung der Frauen, es geht um die Änderung der Männer. Eine „Depotenzierung" des Mannes zur besseren Sensibilisierung für die Liebe und für die Individualität der Geliebten, ihre Unauswechselbarkeit und ihre Selbsttreue, wäre hilfreich. Es mag sein, daß der „wilde Mann" nicht ohne Verlust zum Pantoffelträger domestiziert wird, aber auch dem Manne kann und darf die Liebe zum größeren Abenteuer seines Lebens werden, das ihm nicht dazu dient, „den Rücken frei" zu haben, sondern das in ihm die Sehnsucht nach dem Unendlichen weckt. Wenn jeder Mensch ein transzendierendes Wesen ist, dann ist der Weg zum Du ebenso unendlich wie der Weg zu sich selbst. Die Diskriminierung der Liebe, die trotz ihrer dominanten Allgegenwart in unserer sexualisierten Lebenswelt bestehen bleibt, könnte nur dann verringert werden, wenn Mann und Frau in ihr aufgehen,

wenn Liebe Lebensprojekt für beide ist und wenn die Selbstverwirklichung in dieses Projekt eingebettet wird, nicht um sie zu
schmälern, sondern um sie zu befreien, um sie einerseits herr-
schaftsärmer und andererseits gehaltvoller zu machen. Eine solche Vision schreiben die Frauenvisionen im Mittelalter fort und
entfalten sie in realen Lebensprojekten. Aber es gibt auch Beispiele für die Wirklichkeitstreue der Frauen in der poetischen
Phantasie heute:

„Ich bin glücklich, daß mein Glas von Sternen sprudelt" (Rita Dove)

„Die Macht der Frauendichtung heutzutage liegt darin", sagt die
Schriftstellerin Rita Dove, „... daß sie vom Mond weder Muse
noch Fluch zu sein verlangt, weder Beiwerk noch Ausflucht noch
Gottheit, sondern nichts als das Licht, bei dem wir sehen." (Weg
durch minenverseuchte Dschungel, Frauen, Sprache und Macht,
in: TAZ vom 13. 11. 87, S. 12)

Die Macht der Sprache, Wirklichkeit zu geben, ist eine alte und
junge Erkenntnis zugleich. Die Farben der poetischen Phantasie
wieder abzutragen, ist auch ein poetisches Werk. Darum ist es
auch richtig, daß die Beziehung in den Gedichten des letzten Jahr-
zehnts vor allem als Ich-Erfahrung erscheint, für welche das Du
eher den Rahmen bildet, den Katalysator, das nun einmal Uner-
setzliche. Es wäre nicht schwer, in Romanen, Gedichten und Dra-
men von Botho Strauß dafür Beispiele zu finden, auch von Martin
Walser oder John Updike. Vielleicht steckt dahinter ein Strukturwandel der Sexualität und der Erotik, mit dem wir uns noch be-
schäftigen müssen.

Rita Dove erzählt, daß sie ihre Gedichtentwürfe in farbigen Pla-
stikschubern sammelt und darin die Gestalten hin und her
schiebt. Die „Arbeit" ist unromantisch, das plazierte Wort ist
wichtiger als ein Pathos des Klanges oder eine „Aussage", die wie
ein Springteufelchen aus der Klappbüchse hervorspringt. Und
doch hat diese Frau ihren Lyrikpreis für die lyrische Geschichte
eines Sklavenpaares im 19. Jahrhundert bekommen, vielleicht ge-

rade, weil die scheinbar politisch absichtslose Kunst ihre Wahrzeichen am durchschlagkräftigsten errichtet. Wer merkt sonst nicht die Absicht und ist gleich verstimmt: wozu bräuchte es dann noch die Kunst?

Ich nehme ein Gedicht von Rita Dove, das mich wegen der perfekten und präzisen Gestaltung beeindruckt hat. Aber, gleichsam auf ihrem Rücken, springt doch das Teufelchen der Erkenntnis heraus, gerade deshalb, weil hier der Mond bloß ein Hollywood-Filmlicht ist. Denn alles, was wir in diesem Gedicht einer der erotischsten Lyrikerinnen lesen, ist zugleich Klischee und déjà vu in dramatischen oder rosaroten Hollywoodlegenden. Der Text lautet:

Den perfekten Abend planen

Ich laß ihn warten, glätte die Gardinen,
polier meine Nägel (solch kleine rosige Eierschalen).
Als wär's das letztemal, geh ich die Treppe hinab.

Er steht steif wie ein Pinguin in einem Zimmer,
und es ist so still, daß wir vergessen, wo wir sind.
Jetzt kann nichts, nicht mal Atem, zwischen uns

kommen, nicht mal das Aroma von Punsch
und Turnschuhen, als wir die ganze
Turnhalle durchtanzen und wie ein Trickfilmblitz

Krepp herabströmt. Ach,
Augustus, wo hast du das Sambatanzen gelernt?
Und was ist dieser Knubbel unter der Smokingschärpe?

Stardust. Entschlossen macht die
Kapelle Schluß mit pflaumendunklen Gesichtern.
Die Nacht zirpt noch. Sechzehn Autos
fahren in einer Karawane nach Georgia, zu einer Terrasse,
Bier und Tacos. Sogar so weit südlich
fesselt den Mond ein dünnes blaues Eis,

und ich bin glücklich, daß mein Glas von Sternen
sprudelt.
Wie weit weg die Welt ist! Und wie ungefüg
du bist, mein lieber, mein süßer schwarzer Bär!
(Rita Dove, Die gläserne Stirn der Gegenwart,
Eisingen 1989, 26–29)

Wir bewegen uns in diesem Gedicht ganz in der vorausschauenden Phantasie einer jungen schwarzen Frau aus dem südlichen
Staat Georgia in der USA. Die Welt erscheint als Wille und Vorstellung, um das Hauptwerk Schopenhauers einmal als geflügelte Wort-Illustration zu verwenden. Die einzelnen Elemente
dieser Vorstellung sind als Versatzstücke von Filmen bekannt:
die verzögernde Vorbereitung im Obergeschoß, in dem die
Schlafzimmer liegen; der große Abstieg die Freitreppe hinunter,
ein Auftritt, bei dem alles eingesetzt und gegeben wird („Als
wär's das letztemal"); der pinguin-steife Mann im Frack oder im
Smoking; dazu aber ein lockeres Ambiente von Turnschuhen
und Turnhalle: nicht das lange Seidenkleid „strömt" die Treppe
herab, sondern „Kreppapier strömt herab wie Trickfilmblitze".
Man trinkt Punsch und tanzt Samba, so eng, daß die sexuelle Erregung spürbar wird. Die Autokarawane, die Schwarzen-Kapelle
– alles filmvertraute Bilder, auch die Terrassennacht, in der es
Bier und Maiskuchen (tacos) gibt. Im Glas der jungen Frau liegt
Eis, in dem sich der Mond spiegelt, und im sprudelnden Getränk schimmern die Sterne. Sie *ist* in den Sternen, weit weg,
weit unten liegt die Welt, und sie ist – ein Spiel mit dem Sternenbild, dem großen Bären – in den Armen ihres schwarzen Bären.

„Den perfekten Abend planen" – die Phantasie malt es sich aus,
der mögliche Ablauf ist eine Ordnung von inneren Abziehbildern
einer unechten Klischeewelt, und doch ist diese wieder Ausdruck
eines aus Teilerfahrungen zusammengewachsenen Bedürfnisses.
Alles ist doch kein Klischee, denn durch die sprachliche Präsentation, durch die Präzision auch ungewöhnlicher Wortwahl („rosige
Eierschalen", „pflaumendunkle Gesichter", „dünnes blaues Eis",
„sprudelnde Sterne") wird das scheinbar oberflächlich Vertraute

auf eine tiefere Basis gelegt. Wir begegnen dem „konkreten Allgemeinen", d. h. dem Kommunikablen und Nachvollziehbaren und dem doch ganz Individuellen der schwarzen jungen Frau, das uns entzogen bleibt.

Perfektion – die Vorstellung schwankt zwischen Vollkommenheit alter mystischer Ideale und technischer Perfektion moderner Lebenswelt. Genau dies ist das Opernhafte oder Filmische daran, das Audiovisuelle. Aber diese Perfektion ist die Erfüllung eines Individuums, das seinem „pursuit of happiness", der Linie seines privaten Glückens entsprechend dem „right of privacy" – beides Ausdrücke der US-amerikanischen Verfassung – folgt, aus sich selbst herausgeht und zu sich selbst zurückkehrt. Die erotische Welt braucht den anderen, seine Haut, seine Erregung, seine „ungefüge" Zärtlichkeit. Aber sie bleibt die Welt der eigenen Vorstellung, fast eine narzißtische Versunkenheit. Dabei sollen die Selbstwahrnehmung, das Selbstgefühl und die Steigerung des Selbstwerterlebnisses hier auf keinen Fall herabgesetzt werden. Darin liegt ja gerade der Zauber dieses Gedichtes, vor allem, wenn man es im Zusammenhang mit drei „Adolescence"-Gedichten sieht, in denen das Gefühl der Selbstwahrnehmung als keimendes Geschlechtswesen meisterhaft geschildert wird (vgl. Die gläserne Stirn, 6–13).

Die Perfektion liegt in den achtziger Jahren nach ermüdender Indoktrinierung der Alphabete und des Einmaleins orgasmusproduzierenden sexuellen Verhaltens längst wieder im gesamten Umfeld des Erotischen. Geblieben ist ein Stück direkter Sprache.

Sexualität wird sprachlich (und filmisch) nicht abgeblendet, aber sie macht sich auch nicht mehr auf der ganzen Fläche breit. Die Zeit, möge sie „Moderne" oder „Postmoderne" heißen, hat ihre Form für das erotische Spiel gefunden: im Entwurf, im Plan des Individuums, weiblich, männlich, und darin kommt das Gelingen der Beziehung vor allem als „perfekter Abend" vor. Man tanzt hindurch, um sich zu verwandeln, um ins göttliche Reich der Sterne und Tiere zu gelangen und möglichst lange in anderen Zuständen zu verweilen, diese jedoch nicht mit der Realität zu verwechseln.

4. Die Entstehung unserer heutigen Vorstellungen von Sexualität und Liebe

Die Neigung, zwischen „früher" und „heute" im Sinne einer kritischen Pointierung zu unterscheiden, wobei die Tendenz sowohl nach vorne wie nach rückwärts gerichtet sein kann, ist eine weit verbreitete Eigenheit in der Nacherzählung von Geschichte in praktischer Absicht. Es wäre leicht, diese Neigung als Geschichtserfahrung des abendländischen Menschen zu beschreiben, der sich immer in den Figuren von „Fortschritt" und „Verfall" bewegt, obwohl diese Denkmuster außerordentlich anfällig für Ungenauigkeiten und Vergröberungen sein können. Man muß nämlich damit rechnen, daß das Diachrone, das Zeitunterschiedene, doch auch Gegenwart und insofern synchron, gleichzeitig, sein kann. Es gibt in multikulturellen Gesellschaften eher eine Zunahme der gleichzeitigen Ungleichzeitigkeit und des Spielraumes, in der Geschichte vorwärts und rückwärts zu steigen. Auch besteht die Gefahr, daß die Vergangenheit in unzulässiger Weise schematisiert wird oder daß wir die Gegenwart zu früh als eine auf einen Begriff zu bringende Entwicklung wahrnehmen.

Das alles erschwert das Nachdenken über den Strukturwandel der Sexualität, obwohl es doch von einer kaum bestreitbaren Grunderfahrung veranlaßt ist, nämlich, daß bei aller Kontinuität der Entwicklung doch ein dramatischer Wechsel im Gange ist, der die einen verunsichert, die anderen erfreut, die dritten gleichgültig läßt, denn sie nehmen es, wie es kommt. „Dramatisch" erscheint dieser Wechsel vor allem da, wo retardierende Momente zunächst seinen Durchbruch verhinderten, so daß man z.B. in den fünfziger Jahren leben konnte, als hätte es die zwanziger Jahre nicht gegeben. Die deutsche Anknüpfung an die Wertewelt der Großeltern in den fünfziger Jahren, die Verzögerung katholischer Kulturen oder die Beharrlichkeit der bürgerlichen Wertewelt und ihres rechtlich- und sozial-normativen Umfeldes, das alles hat lange eine Situation geschaffen, in der man eine Realität mit Denkmustern deutete, die in ihr schon längst ortlos geworden waren.

Es ist leicht, diese Redeübungen zu demaskieren. Wenn über die „Familie" als Grundzelle der Gesellschaft im Sinne einer erhaltenswerten Ordnung gesprochen wird, dann ist diese Ordnung nur noch in Oasen gegeben, um welche sich andere Landschaften ausbreiten. Von Wüsten und Steppen zu reden, wäre hier bereits demagogisch – in jedem Fall hat der Single-Haushalt und die Teilfamilie mit ihren unterschiedlichsten Konstellationen von Generationen und Beziehungen faktisch mit der Familie gleichgezogen, und ebenso ist, mindestens für eine biographische Epoche, das eheähnliche oder auch ehealternative Verhältnis an die Seite der Ehepartnerschaft getreten. Schließlich ist die Partnerschaft selbst eine Art Modell für eine Dynamik im Rollenverhalten geworden, die noch keineswegs an ihr Ende gekommen zu sein scheint, sich in Schüben entwickelt und dabei sicher auch mit Rückschritten und Verlangsamungen rechnen muß.

Wenn man über das redet, was sein soll, ohne zu wissen, was ist, dann verfehlt man eine Grundvoraussetzung des Sollens: Denn ich muß auch können, was ich soll. Zwar gibt die reine Faktizität dem Sollen noch nicht seine Richtigkeit. Aber ohne die Wahrnehmung und Erfahrung der Realität ist das Richtige auch nicht in Worte zu fassen oder auf Begriffe zu bringen. Wenn wir also das Richtige suchen, müssen wir die Strukturen kennen, ihre Kontinuität und ihren Wandel, ihre Festigkeit und ihre Beweglichkeit, um zu wissen, wie wir uns zu ihnen einstellen und mit ihnen umgehen können.

Wer das Glück sucht, muß wissen, welches „Ist" sein Glück ist. „Hans im Glück", der alles Mögliche für den Klumpen Gold eintauscht, der Lohn für seine Leistung und Kapazität für sein Wohlleben darstellt, muß wissen, ob er am Ende seiner Geschichte verloren oder gewonnen hat. Seiner Ansicht nach hat er gewonnen, nachdem ihm der Schleifstein ins Wasser gefallen ist und ihm nichts mehr zu investieren übrig bleibt. Ist er ein Tor oder der wahre Weise, der in der Unbeschwertheit von Gütern die Freiheit erblickt? Für den üblichen Blickwinkel ist er der Tor, der wider alle Vernunft, d.h. wider die Logik des Leistungs- und Konsumglückes handelt. Aber es gibt einen möglichen Herrschaftswechsel der Perspektive, eine andere Logik, die sich nicht nach der Tauschgerechtigkeit richtet. Denn der Mensch ist kein Wert, dem etwas hinzuzufügen oder abzuziehen wäre, und wenn er sich nicht mehr in Besitzständen ausdrücken kann oder auszudrücken weiß, dann ist er, was er ist. Und also im Glück?

Die Zweideutigkeit des Märchens gibt uns die richtige Einstellung, Fragen des Strukturwandels zu betrachten, ohne sie vorschnell zu bewerten. Werturteilsfreiheit kann es nicht geben, denn selbst unsere Distanz und Neutralität ist Teil eines Wertesystems, aber Werturteilsenthaltsamkeit ist gefragt.

Der Strukturwandel der Sexualität kann Auswirkungen bis in unsere sinnliche Wahrnehmungsart und in unsere Gefühlswelt haben. Aber er ist im Ganzen eher ein Wandel der integrierenden Gestalt.

Wir ziehen uns hier zunächst auf die einfachste Perspektive zurück: auf das Bedürfnis, in persönlichen Beziehungen zu leben.

Wenn wir diesem Bedürfnis versuchsweise vier Perioden zuordnen – die Vormoderne, die Neuzeit, die Industriekultur und schließlich unsere gegenwärtige Übergangszeit, die gern als „Nach"-Zeit beschrieben wird –, dann könnte sich in grober Struktur folgendes Bild über das Leben in persönlichen Beziehungen ergeben:

Vormoderne (Feudalzeit):

Hier besteht Konkurrenz zwischen dem Modell „Familie", eingeordnet die „Ehe", und dem Modell „erotische Zweierbeziehung". Das erste Modell bildet eine sozial anerkannte, weiter vermittelte und streng sanktionierte Ordnung, in der der Lust eine Bahn zugewiesen, eine Über- und Unterordnung (zugunsten des Mannes) begründet ist und in der Nachkommenschafts- sowie Besitzverhältnisse geregelt sind. Ehevertrag und Generationenvertrag bilden eine Einheit. Für den Überhang oder zur Kompensation von

Mängeln sexueller Lust beim Mann gibt es die Prostitution. Die außereheliche Minnekultur bildet sich wie vorher im klassisch antiken Mittelmeerraum als elitäre Hochkultur heraus, die sich mit Kunst zu schmücken und zu rechtfertigen weiß und die als Alternativszene geradezu die Stabilität der Verhältnisse voraussetzt, die sie in Schwingungen versetzt. In dieser elitären Hochkultur gibt es auch Frauenbildung und Frauenherrschaft („Minneherrin"), aber sie verschwindet nach einer kurzen Blüte in einer Serie von Verfolgungen von Frauen, die sich den Normen nicht fügen.

Entsprechend dieses soziologischen Befundes ist die Liebe der Feudalzeit aufgespalten: in platten Sexus (nahe der Prostitution), in hochkultivierten, aber gesellschaftlich als Spiel entsorgten Eros und in die auf Konsens und institutioneller Geborgenheit beruhende Familienliebe, eine Zelle der gesellschaftlichen Fürsorge, die neben der klösterlichen Familienliebe die caritativen Einrichtungen und die notwendige Verteilungsgerechtigkeit zwischen Arm und Reich mitträgt.

Die Fähigkeit, Sexualität wahrzunehmen und erotische Erfahrungen zu machen, wird von diesen Voraussetzungen her mitgeprägt. Was nicht unter Familienliebe und Zweckordnung (Lust, Besitz, Nachkommenschaft) fällt, wird sanktioniert. Verbote schärfen die Leidenschaften, bedingen aber auch Formen emanzipativer Gegenkultur, die nur mühsam wieder unter das Dach der kirchlich gesellschaftlichen Ordnung eingefahren oder aber mit Feuer und Schwert bekämpft werden. Die Herrschaft einer zweckbestimmten Sexualität ist wie eine Achse, um die sich mancherlei Arabesken ranken. Die sexuelle Abweichung von solchen Normen ist das Urbild der Sünde als Verletzung dieser Zweckbestimmtheit in der Verderbtheit menschlicher Antriebskräfte, die mit den göttlichen Antriebskräften der Erlösung in ständigem Widerstreit liegen. Da nur wenige Heiratsprivilegien haben, sind die meisten über die meiste Zeit hinweg Sünder und Sünderinnen. Die ständige Kluft zwischen Trieb und Zweckbestimmung erzeugt zwar auch, wie gesehen, eine alternative Hochkultur, aber ebenso die resignative Grundstimmung der Weltverachtung und die aggressiven Grundstimmungen eines christlichen Kultur- und

Heilszentrismus. Denn der Unglaube bleibt immer noch die größere Sünde und Heilsferne im Vergleich zu den Sünden des Fleisches, die man abgelten kann, indem man den Unglauben bekämpft.

Das Glück liegt im höchsten Guten, in Gott, und für den Menschen im Bei-Gott-Sein, in der „beatitudo", einem Glücklichsein im Sinne von Selig- und Heiligsein. Daneben gibt es die irdischen Glücksgüter, aber sie tragen andere Namen: felicitas, fortuna, honestas, utilitas. Obwohl grundsätzlich nicht im Gegensatz zum obersten Glück, setzen sie sich doch oft an seine Stelle und korrumpieren es. Denn alles läßt sich auf die „Natur" des „Oberen" und des „Unteren" zurückführen.

So entstehen die Verdoppelungen, die zu Alternativen und zu Hierarchien führen, nach dem Gesetz: teile und herrsche. (Wer die Liebe teilt, will sie beherrschen!) Es gibt die irdische und die himmlische Liebe, es gibt die fleischliche und die geistige Liebe, es gibt die böse Lust und die zweckbestimmte Ehe. Manchmal begegnet man „Humanisten", die das Beste daraus machen, wie Wolfram von Eschenbach, der das Liebesglück mit seiner Ehefrau in Tönen des Tageliedes, d. h. einer Kunstform für abweichende Erotik besingt.

Nicht nur die soziale Zweckbestimmung, auch die damit in Harmonie gedachte Naturordnung für Lebewesen ordnet die Sexualität. Wie die Rangordnung der Tiergruppen wird auch der Ablauf des Sexualverkehrs übernommen und festgesetzt, so daß eine „naturale Abweichung" schlimmer ist als eine „soziale Abweichung" vom Reich der Zwecke. So ist das Reich des Anomalen größer als das Reich des Normalen. Auch hier führt ein direkter Weg in die Herrschaft der Sünde und in all die kompensatorischen Gegengewalten, die gegen sie errichtet wurden und die oft schlimmer hausten als sie selber.

Humanismus und Aufklärung führen, vom Versuch der Religion in den Konfessionskriegen, die alte Herrschaft wiederherzustellen, unterbrochen, vom Reich der Zwecke in das Reich der Freiheit. Die Sache der Freiheit muß vor ihr selbst begründet werden. Die Vernunft liest nicht kontemplativ in der „Natur" ab, was richtig ist, sondern sie entwirft dieses Richtige aktiv, weil sie sich selber will: sich selbst erkennen, mündig sein, in Übereinstimmung mit sich selber handeln.

Die Moderne sucht die Selbstverpflichtung aus Freiheit, also eher die Pflicht als die Lust. Das große Zeitalter der Ehe, in der Feudalzeit noch ein Privileg einer Minderheit, beginnt jetzt. Ehe, Pflicht, Treue, Hingabe – eine Balance von Tugenden der Zweisamkeit, des Miteinander und des Füreinander, tritt nun in den Vordergrund. Der Konsens macht die Ehe – immer mehr Elemente der Spontaneität und der Freiheit finden Zugang zu ihr.

Die moderne Ehe ist auf Sexualität, Erotik und „Passion" (N. Luhmann) gegründet, d. h. Leidenschaft und passionierte Pflege dienen ihr. Auch hier bleibt eine männliche Doppelkultur, sie wird zwar toleriert, aber nicht verehrt. Die Verehrung gebührt dem „Haus", in dem die „Hausfrau" waltet und das sie passioniert veredelt. Das höhere Weibliche tritt dem stärkeren Männlichen in ausbalancierter Polarität an die Seite, und es entsteht, von Dichtern mit Gesängen begleitet, eine Art höheres Kulturinstitut, zu dem die Menschen aufschauen und das sie aufgrund medizinischer Lebensverlängerung in immer dickeren Jahresringen feiern können.

Das Glück ist bürgerlich geworden. Umgeben von Arabesken der Empfindsamkeit und Prüderie, auch von etwas Heuchelei und zelebrierter Äußerlichkeit, wird die Freiheit in selbstgenügsamer Form zur Ordnung der Zufriedenheit gebracht, und was dieser Vernunftordnung nicht entspricht, muß medizinisch versorgt werden.

Die Menschen leiden immer weniger an Sexualkrankheiten, aber sie sterben an „übermäßiger Selbstbefriedigung" (wenn man den Eintragungen von Krankenhäusern im 19. Jahrhundert glauben darf).

Sexualität in der Moderne ist eine Du-Kultur. Die Sünden verschieben sich vom Sexuellen ins Soziale, wobei die Gleichzeitigkeit des Ungleichzeitigen erhalten bleibt. Die Tabubrecher heißen nicht mehr Don Juan und Casanova, sondern Strindberg und Ibsen, die die sozialen Werte der Treue, Hingabe, Ehre usw. ebenso in Frage stellen wie Fontane („Effi Briest").

Die Industriekultur

In der Industriekultur vollzieht sich endgültig die Ausbreitung des bürgerlichen Ehemodells, seine nivellierende Verbreitung. Die auf dem Individuum und auf der demokratischen Freiheit aufbauende Gesellschaft ohne Klassenprivilegien (außer im Besitzstand) übernimmt die bürgerliche Wertewelt als integrierendes Modell – „üb' immer Treu und Redlichkeit" – und deckt gerade darin ihre Grenzen auf. Wenn z. B. Ehe nicht mehr an Privilegien geknüpft ist – warum sollte der Staat sie hüten? Wenn technische Empfängnisverhütung möglich wird, warum sollte die Familienverantwortung nicht bei den beteiligten Subjekten liegen?

Die Industriekultur entdeckt die Sexualität neu: als allen zugängliche Ware. Zum erstenmal ist sie ein „Es". Leistung und Besitz sind für alle möglich. Man kann „Es" haben. Jemand hat Sex oder er/sie hat Sex nicht. Sex kann produziert werden. Er ist eine Ware auf dem Markt, ja, die Ware der Waren, weil andere Waren mit Sex beworben und vermarktet werden können.

Die Industriekultur ist nivellierend und medial, indem sie alles mit allem in Beziehung setzt, für die Totalinformation und für die multikulturelle Durchdringung sorgt und durch die größte Vielfalt der Möglichkeit die größte Einfalt der Wahl ermöglicht. Auch hier gilt die Gleichzeitigkeit des Ungleichzeitigen. Man kann im Strukturwandel der Sexualität zugleich Bürger dreier Welten sein: Anhänger einer feudalen Familienkultur, einer modernen „Liebe als Passion" und zusätzlich Kunde der Warensexualität. Denn nichts, was unsere Geschichte ausmacht, ist durch das Überlebtsein ausgelöscht.

Glück ist in der Industriekultur eine Mischung aus größtmöglicher Leidlosigkeit mit größtmöglicher Lustfähigkeit. Wie ein Mantel legt sich dieses Glücksverstehen über die bürgerliche Pflicht, Treue, Hingabe, Fürsorge. „Happiness" ist das Leitthema, Leben auf der Glücksspirale, immer wieder neue Experimente und Versuche wert. Das größte Zeichen der Nivellierung von Ehe und Beziehung ist die Vermarktung des Beginns durch wissenschaftlich und technisch arbeitende Anbahnungsinstitute. Das ist nichts Abwertendes, sondern eine Wirkung der Demokratisierung der Gesellschaft.

Die Industriekultur braucht neben der Härte der Ware die Weichteile der lebendigen Körper. Der Job ist hart und die Beziehung soll „soft" sein, denn letztere kompensiert den ersteren.

Das Stichwort „Liebe im Atomzeitalter" geht noch darüber hinaus. Atomtechnik, Informationstechnik und Zellkerntechnik sind die großen Sprünge in die Angst um den Fortschritt und in die Angst vor dem Fortschritt. Im Gegenstand der Angst scheinbar getrennt, sind die Menschen in ihr vereint. Die Angst aber kann im Eros abgeschaltet werden: in der Schärfe der Lust ebenso wie in der Geborgenheit erotischer Du-Infektionen oder in der bürgerlichen Ehe-Treue. Sexualität auf allen ungleichzeitigen Ebenen funktioniert als Entsorgung der alltäglichen Ängste, auch als Verdrängung der Gefahr, die eine nicht sex-imprägnierte Wirklichkeit an den Menschen herantragen könnte. Selbst „Zärtlichkeit", als Anti-Tugend zur Industriekultur gedacht, kann zur selbstauslösenden Falle werden: kuschelige Kompensation, gut verkäuflich, um allen den Plüsch über den Kopf zu ziehen, damit sie so wenig sehen wie die Maulwürfe.

Übergänge

Mit der Kategorie „Postmoderne" ist an dieser Stelle wenig anzufangen. Denn in ihr würde sich doch eher Nachschleifendes als Neues ankündigen. Aber es bleiben doch einige Phänomene zu sichten, zweideutig zwar, aber als Umstände der Suche nach dem Richtigen wohl zu beachten:

Der zweideutige Sieg des Individuellen

Die Ideen der rechtlichen Garantie individueller Freiheit und der sozialen Akzeptanz individueller Freizügigkeit haben über ihre traditionellen Gegner, den Totalitarismus und den Solidarismus, gesiegt. Es ist kein totaler und kein weltweiter Sieg, was sich in Europa ereignet hat, aber es ist ein Zeichen für die ökonomische und gesellschaftliche Stärke des Liberalismus, der sich im zwischenstaatlichen und weltwirtschaftlichen Raum bei schwachen internationalen Autoritäten noch mehr behaupten konnte.

Daß es eine Verbindung dieser Entwicklungen mit der Sichtweise von Sexualität gibt, zeigt schon, daß mit der wirtschaftlichen Freizügigkeit die sexuelle in die neuen Bundesländer in Deutschland einmarschierte. Sie wurde dort von vielen als ersehnte Aufhellung und als farbiger Anstrich einer einstmals grauen Republik begrüßt.

Wir unterschieden Freiheit von Freizügigkeit im Sinne einer Unterscheidung zwischen Liberalität und Liberalismus. Die Freiheitsgarantien gehören zum Menschenrechtsethos der Moderne; die Akzeptanz der Freizügigkeit gehört zum Pathos des „pursuit of happiness" und des „right of privacy". Freizügigkeit kommt von beiden Seiten: von seiten der offenen, möglichst uneingeschränkten Wirtschaft und von seiten der pluralistischen Optionen und des individuellen „multiple choice", der Wahl aus der Vielfalt. Freiheit verträgt sich mit Solidarität, aber nicht mit Totalitarismus, Freizügigkeit verträgt sich weder mit dem einen noch mit dem anderen. Deshalb ist es schwer, Solidaritäten in einer freizügigen Gesellschaft zu vermitteln.

Dies wiederum hat Auswirkungen auf die Integrierungsgestalt von Sexualität. Der zweideutige Sieg des Individuellen beinhaltet auch, daß auf dem Felde der Sexualität die individuellen Ansprüche im Vordergrund stehen: das Recht auf Sexualität (auch für Behinderte); das Recht auf Beziehung (ohne Einschränkung); das Recht, das eigene Geschlecht zu bestimmen; das Recht auf immer neue Versuche des Gelingens im erotischen Bereich; das Recht, durch die Begleitung eines Du eine gesteigerte Ich-Erfahrung zu haben; das Recht, Kinder zu bekommen und das Recht, Kinder nicht zu bekommen.

Solche „Rechte" müssen nicht einfach bloßes Anspruchsdenken sein. Doch das Bild der Kaufhausgesellschaft, in der menschliche Möglichkeiten wie Waren feilgeboten werden, drängt sich dennoch auf. Es gibt auch im geistigen Bereich kaum etwas, für das nicht ein „Kit", ein abrufbarer Satz von Dienstleistungen, bereitgestellt werden kann. Vorzeichen melden sich für diesen Absolutismus des Individuellen im Bereich der Machbarkeit der eigenen Person (und der abhängigen Personen) bis in die genetischen Ressourcen hinein.

Es gibt religiöse „Kits", es gibt psychologische Beziehungs-„Kits", es gibt das Sex-Versandhaus. Das fabrikatorische Individuum ist nun wirklich seines Glückes Schmied, auch des Glückes zu zweit und des Kinderglückes. Der Marsch in die totale Dienstleistungsgesellschaft als Ablösung der Industriekultur hat begonnen. Alles ist für jeden und jede verfügbar. Die einzige unterscheidende Individualität im Zugang zur ganzen Palette läßt sich in finanziellen Ressourcen ausdrücken. Nicht alle können alles haben, sondern: indem die Fülle der Dienstleistungen wächst, wächst auch die Minderheit derjenigen, die keinen Zugang zu ihnen mehr haben, wächst also die Armut. Der zweideutige Individualismus – wohl zu unterscheiden von den Freiheitsrechten – schlägt um in einen Totalitarismus der individuellen Mehrheitszahl. Wenn jeder alles beanspruchen kann und zur Wahl gestellt haben will, was als Tauschwert in Frage kommt, ist abzusehen, ab welchem Punkt grundlegende Solidaritäten gefährdet sind.

Diese Analyse umgreift die sexuelle Lebensgestaltung. Die Ich-Motive, die reinsten und die problematischsten, verdrängen die Du- und Wir-Motive. Denn es gibt immer noch die Reinheit der Ich-Emanzipation aus der Hand eingefleischter Sklaverei, von außen wie von innen. Dies gilt in vielen Fällen für die Wege der feministischen Emanzipation. Der Weg zur Autonomie, zur Selbstverpflichtung aus Freiheit, wird jedoch oft mit dem Weg zur

Autarkie, zur Selbstmächtigkeit und zur Selbstdurchsetzung verwechselt.

Auch das Prinzip „Partnerschaft", das als integrierende Figur der Beziehung die Moderne begleitet, ist zweideutig. Denn es betont ein Miteinander um funktionaler Effizienz willen. Es paßt seiner Herkunft nach in die Geschäfts- und Sportlersprache. Das heißt noch nicht, daß es in erotischen Beziehungskulturen nichts zu suchen hätte, aber ein gemischtes Doppel ist etwas anderes als eine prozessuale Lebenseinheit.

Wir werden im folgenden Elemente des Scheiterns und des Gelingens in der Struktur der Sexualität sammeln und deutlich machen, warum der hier als zweideutig beschriebene Sieg des Individuellen nicht total ist. Gerade die Übergänge sind durch eine Reihe gegenläufiger Elemente gekennzeichnet. Wir wissen noch nicht genau, wo es mit uns hingeht. Aber wir sehen, welche Möglichkeiten wir haben und welche Gefahren uns drohen. Sofern wir bejahend am Sieg des Individuellen teilnehmen, liegt es auch an uns, in welche Richtung wir ihn ausgestalten wollen.

Die Rehabilitierung des Glückes gegen die Pflicht

Sexualität in der Moderne ist rational und romantisch zugleich. Aber die Rationalität bildet den Rahmen, in welchen Emotionalität eingefangen, in dem sie gehalten und von dem aus sie gesteuert wird. Die Verpflichtung auf Rationalität bedeutet die Herrschaft der Pflicht, und in der Tat ist die Ehemoral der Aufklärung vor allem eine Pflichtmoral. Die eheliche Pflicht und die ehelichen Pflichten sind dabei arbeitsteilig zwischen Mann und Frau. Der Sinn der Sache selbst, des bürgerlichen Standes, später in der Industriekultur der Aufbau der eigenen Zelle – das alles verpflichtet, und für manche ist es noch heute unerträglich, im Zusammenhang mit der Gestaltung von Sexualität und sexuellen Beziehungen vom Kriterium des Glückes zu reden. Das bürgerliche Glück ist ohnehin die Zufriedenheit. Das Gute ist kein Abenteuer, sondern harte und berechenbare Leistung.

Wie die Rationalität die Emotionalität, so steuert die Pflicht die Neigung. Der Übergang von der Welt beruflicher Pflichten zur

Welt häuslicher und familiärer Pflichten ist leicht zu trainieren. Gleich und Gleich gesellt sich gern, und die notwendige Beunruhigung der Unterschiede zwischen Mann und Frau findet ihre Ordnung in einer klaren Rollenverteilung. Die Pflicht verhilft zur Treue und zur Entfaltung der Achtung als Basis für die Altersehe, die ohne die Beunruhigung der Sexualität auskommt. Die langjährigen „Ehegeschwister", wie Thomas Mann sie einmal spöttisch nennt, werden einander ähnlich.

Die Pflicht hat ihre eigene Romantik. Von preußischer Militärgloriole umgeben, von Kantischem Philosophengeist umworben, im Kulturparkett des Theaters von realistischen Tragödien bestärkt, nistet sie sich in dem Verlangen ein, etwas nur um seiner selbst willen tun zu dürfen. Alles ist Dienst – überall gilt die Gesellschaftspflicht. Die Träumer läßt man mit Nachsicht leben, wenn sie zur Pflicht erzogen sind.

Die Pflicht ist auch von einer religiösen Aura umgeben. Die religiöse Dienstkultur und das umgreifende Motiv der Gottes- und Nächstenliebe kennt als oberstes Prinzip die Liebe zur Liebe, und das heißt: eine apersonale Mythisierung der Pflichtleistung auf einem Gebiet, wo das Motiv der Schwung der erotischen Selbsttranszendenz sein könnte. Noch heute trifft man auf eingefahrenes Unverständnis, wenn man Gottes- und Nächstenliebe nicht sauber von erotischer Liebe getrennt hält. Die Pflichten sind zu unterscheiden. Auch hier gilt: teile und herrsche.

Aber auch der Begriff „Pflicht" ist zweideutig. Im Sinne der Selbstverpflichtung aus Freiheit ist er Ausdruck einer Person und offen für das unverwechselbare Du. Im Sinne toter Buchstaben der zu erfüllenden Vorschriften und der zu erbringenden Leistungen ist Pflicht in der Liebesbeziehung ein tödliches Wort. Solange „aus Pflicht" nichts anderes heißt als „aus Selbsttreue" oder „aus Sinneinsicht", läßt sie individueller Unterschiedlichkeit Raum. Aber wenn sie das lebendige Du unter ein Kalkül oder unter die abstrakte Idee oder Begrifflichkeit einer gemeinsamen Sache stellt, wirkt sie zerstörerisch.

Im Namen des Glückes drängt es den Eros, die Pflicht zu hintergehen. Dies ist ein beliebtes Motiv für das befreiende Gelächter aller unterdrückten Parteigänger des Abenteuers, der Beunruhigung und des Experimentes. Aber wenn wir das Glück nicht aus der Perspektive der unterdrückten Liebe betrachten, sondern als deren Freund oder Freundin, als freigelassene Partnerin, bedarf es einer solch fragwürdigen Rettung nicht.

Die Rehabilitierung des Glückes gegen die Pflicht, die wir heute im Namen der individuellen Freizügigkeit erleben, hat ihr Recht aus dem Verfall des Pflichtethos bis zum seelenlosen und massenmörderischen Schematismus von Befehl und Gehorsam. Aber Glück muß tiefer verstanden werden. Gerade die Leiderfahrung kann zur großen Erzieherin für die Sensibilität des Glückens werden. Das Glücken überhaupt, als zerbrechliches Geschehen, nicht als „das Glück", das wie ein Osterei gesucht und gefunden wird. Das Glücken, das das Erlernen des Entzuges kennt. Denn mit Halbheiten und Teilerfüllungen gibt es sich einerseits nicht zufrieden, und andererseits bedarf es des Bewußtseins und der geübten Haltung der Kontingenzbegegnung, der Begegnung mit der Endlichkeit, Begrenztheit und Fehlerhaftigkeit unserer Welt. Ohne die Teilerfahrung von Leid und Scheitern ist die Rede vom Glücken zu seicht und zudem Kitsch und Konsum. Fehlt ein tieferes Erfassen von Glücken, sitzt das Scheitern schon in den Winkeln und wartet. Das Glücken tiefer und weiter zu erfassen, dazu bedarf es eines Verstehens von gutem Leben im ganzen und damit der Weisheit.

Die Rehabilitierung des Glückes gegen die Pflicht, ein Zeichen unserer Zeit im Ausklang des 20. Jahrhunderts im europäischen Mittelstand, ist also wie der Sieg des Individuellen voller Zweideutigkeit. Und doch steckt darin die Möglichkeit der Wiederentdeckung erotischer Transzendenz als befreiender Kraft gegenüber der Beschränktheit in die eigene Individualität. Beziehung ist mehr als eine zufällige Eigenschaft: es stiftet die Träger der Beziehung als neue Wesen mit neuer Selbstentfaltung und neuem Können.

Die umfassende Sicht der Liebe

Im Übergang wird die Fähigkeit, die Dinge und Menschen, die Strukturen und Haltungen in einem Ganzen sehen zu können, positiv gesehen. Man spricht heute in diesem Zusammenhang gern vom „Holistischen", vom „holistischen" Weltbild, vom „holistischen" Wissenschaftsverständnis usw.

Die Liebe im ganzen oder umfassend zu sehen heißt dann, die Liebe in einer unendlichen „Vernetzung" zu sehen. Es heißt aber auch, die Unterscheidungen innerhalb der traditionellen Liebeskultur in ihrer Transparenz füreinander und in ihrem Zusammenhang miteinander zu sehen. Das Erotische ist vom Fürsorglichen nicht etwa um Lichtjahre entfernt, sondern diese Entfernung wird durchschaubar als ein Produkt jahrhundertelanger Erziehung zur Teilung, Trennung und Machtausübung. Nicht die Unterscheidungen waren falsch, die heute noch fruchtbar anzuwenden sind, falsch war vielmehr die Art, wie sie benutzt wurden. Immer wieder handelt es sich um das gleiche ideologische Schema: Unterscheide, dann trenne, dann mache eine Alternative daraus, dann herrsche im Namen eines Teiles über den anderen. Dieses Schema ist nicht nur der Motor falscher Herrschaftsverhältnisse, sondern auch ein Mittel der Selbstzerstörung durch Unterdrückung des Partiellen im Namen des Ganzen, des Höheren, des Besseren.

Im Christentum bildet Jesus von Nazaret selbst ein Modell, wie Unterscheidungen herrschaftsarm anzuwenden sind. Ohne die Unterscheidung zwischen Richtigem und Falschem außer Kraft zu setzen, identifizierte Jesus keine Person mit einer Bilanz des Richtigen oder Falschen. Die Herrschaft im Namen der Subtilitäten der Unterscheidung wird von ihm stets angeprangert und dieses Herrschaftsmittel durch Reduktion aufgehoben. Dies macht gerade die „Einfachheit" des Jesus aus – in diesem Falle geradezu das Gegenteil von Naivität.

Wo wir wieder anerkennen, daß erotische Liebe eine Quelle des Gut- und Richtigwerdens sein kann, und wo wir uns um das Fließen statt um das Versiegen solcher Quellen bemühen, wo wir die Unbeliebigkeit des Einsatzes sexueller und erotischer Bilder in geistig-geistlichen Meta-Sprachen anerkennen müssen, weil wir sonst nicht mehr wüßten, wovon wir reden, wo wir die wechselseitige Förderung der unterscheidbaren Liebesgestalten sehen, da können erotische und soziale Liebe in ein aufbauendes Miteinander hineinwachsen. Begehren, ohne sich in das Anderssein des anderen einzufühlen, ist ebenso unreif wie das Empfinden, daß mir der andere für meine Liebe etwas schuldig sei. Wo zu wenig Integrierung – Zusammenwachsen zu einem Ganzen – ist, da ist auch zu wenig Fülle. Die Fülle der Liebe auszuschöpfen, ist das holistische Konzept der Liebe.

Sex haben oder sein

Der Strukturwandel der Sexualität im 20. Jahrhundert hat nicht nur die Zweierbeziehung allgemein zugänglich gemacht und gleichsam demokratisiert, auch die Verfügbarkeit aktueller Sexualität ist quantitativ enorm gewachsen. Dies liegt nicht nur an der altersmäßigen Ausdehnung, sondern auch an der Revolution in der Empfängnisverhütung, obwohl hier schon verhältnismäßig effiziente, wenn auch in der Sicherheit nicht absolute, technische Mittel zur Verfügung standen. Schließlich öffneten sich mit der Verringerung der Folgenangst und mit der Vergrößerung der öffentlichen Akzeptanz erotischer Freizügigkeit die Tabus. Damit trat eine Schwellensenkung für den Beginn sexueller Beziehungen auf, eine Frühsexualität, die freilich im Zeichen von Aids wieder rückläufig ist.

Wenn die Schwelle niedriger wird, wird freilich auch der Stellenwert gesenkt. Die Klage, daß mit der Verhütungspille die Leidenschaft abnehmen könne, wurde Ende der sechziger Jahre nostalgisch erhoben. In der Tat zeigen Geschichten, die von den ersten Erfahrungen Jugendlicher berichten, daß hier Ernüchterungen häufig sind. Das führt freilich in die Gefahr einer Abspaltung der Sexualität in einen Bereich des „Habens". Unsre Welt ist ohnehin von der Aufteilung in Bereiche bestimmt, die je ihre Eigengesetzlichkeit haben, Subsysteme eigener Ordnung bilden, verschiedene Normativität zulassen. Bis zu einem gewissen Grade war das immer so. Verrat im Namen der Liebe konnte leichter entschuldigt werden als Betrug im Geschäft. Aber „Sex", gerade in dieser Kürzelform, ist ein Zeichen für die Verkürzung der Geschlechtlichkeit als Merkmal des ganzen Menschenwesens zu einer – merkwürdigerweise geschlechtsunabhängigen – einheitlichen Bedürfniskultur.

Sex zu haben bedeutet, ein normales Leben zu führen, in welchem alle Schubladen ordentlich gefüllt sind. Es gehört in den Alltag der Zufriedenheit wie Schlafen, Essen, Freizeit haben, Sport treiben usw. Wo es kumpelhaft direkt zugeht, fragt man sich nach der Ausfüllung dieser Sparte wie nach der Erledigung von Steuererklärungen. Ein allgemeines Tauschgeschäft ist im Gange. Irgendwie müssen Mann und Frau ja zu der Sache kommen. Viele kommerziell betreute Gelegenheiten werden dafür geschaffen, die Anzeigenteile der Zeitungen sind voll, und viele Zeitgenossen wenden offensichtlich einen erklecklichen Teil ihrer Zeit auf, um diese Sache „Sex" zufriedenstellend zu besorgen.

„Sex" wie eine Sache zu haben, bedeutet gewiß eine Teil-Instrumentalisierung der Menschen, die in das allgemeine Tauschgeschäft einsteigen und sich dabei die besten Bedingungen zusichern möchten: möglichst viel Freiheit, möglichst wenig Not. Lustgewinn bei Minimierung einschlägiger Leidensmöglichkeiten, Einhalten der Goldenen Regel – was du nicht willst, das man dir tu, das füg auch keinem anderen zu – als ethisches Minimum und Kompensation des sozialen Gewissens. Das alles ist, wenn wir es nicht in den Extremen betrachten, von einem freundlichen und anziehenden Klima umgeben. Ein „ich gebe, du gibst" ist doch eine freiwillige Teilinstrumentalisierung. Dazu ist eine eigene Sprache des „Anmachens" oder, im Slang: des „Anbaggerns", verbal und non-verbal, entwickelt, deren Beherrschung den Ablauf der Rituale erleichtert.

Das erotisierende Umfeld, das „Sex" braucht, um nicht zur Prostitution zu verkommen, bedeutet auch, daß „Sex-Haben" nicht einfach nur die günstige Sexualaktion meinen kann. Darum herum ist ein erotisierendes Spielfeld errichtet. Eine Reihe von Regeln der Verschwiegenheit, der Rücksicht auf Verletzlichkeiten und der Nachsicht gegenüber Unzulänglichkeiten sind erforderlich, um dem „Sex-Haben" einen sozialen Rahmen zu geben. Es wäre also ganz falsch, wenn man annähme, hier gäbe es keine Moral. Es ist jedoch eine Moral, die am störungsfreien Konsum eines für alle zu konstatierenden Bedürfnisses orientiert ist. Die wirkliche, einmalige Liebe wird als übergeordnet betrachtet. Es gibt gleichsam ein ethisches Minimum als Basis eines möglichen Hochethos für eine dauerhafte Liebesbeziehung.

Solange die Liebe dauert, „haben" die Beteiligten keinen Sex miteinander, sie „sind" vielmehr ihre Sexualität. Ihre Selbstwahrnehmung als geschlechtliche Wesen, als Mann oder Frau, ist ständig mit dem anderen präsent. Eine Sexualisierung des Lebens ist hier wirklich eine geschlechtliche Identitätsfindung. „Sex" wird nicht geplant, besorgt, gemacht, er wird als Bestandteil eines Zustandes „gefunden", er ist Teil der traumwandlerischen Sicherheit, die mit der Aktualität der Liebe die menschliche Beziehung durchdringt (nicht ohne Störung, aber immer wieder neu).

Wenn wir von der Unterscheidung zwischen Sex-Haben und Sex (im Sinne von Geschlechtlichkeit) -Sein ausgehen, müssen wir uns freilich vor dem ideologischen Schema des „Teile und herrsche" hüten. Das Haben und die damit verbundene wechselseitige Instrumentalisierung ist Teil des Lebens. Die Würde des Menschen besteht nicht darin, daß er niemals instrumentell, sondern darin, daß er nicht nur instrumentell, sondern auch als Selbstzweck gesehen wird. Es kann also nicht darum gehen, alle Motive des „Sex-Habens" zu vernichten, sondern nur darum, das Haben in das Sein als das Umfassende einzugliedern. Dabei spielen die Nachteile des „Habens" durchaus die Rolle einer Kontrasterfahrung.

Sexualität auf „Sex" zu reduzieren, bedeutet, die Menschen zu uniformieren und damit das zu nivellieren, was Sexualität eigentlich ausmacht: die geschlechtlichen Unterschiede. Eine solche Nivellierung gibt immer demjenigen einen Vorteil, der die Anpassungsvorgänge dominiert. Die sich wiederholende Reproduktion einer männlich zentrierten Gesellschaft liegt mit an solchen Phänomenen.

Die Gefühlsräume des Menschen werden eng. Je mehr das Spielfeld der Sexualität auf Rituale zurücksinkt, um so weniger wird Sexualität vom Fühlen und um so mehr wird sie von Körperreaktionen getragen. Diese können aber nur für wenige „das Glück" garantieren, um das es doch letztlich immer wieder geht. Die Enttäuschung ist grundgelegt.

Wenn Sexualität einige Zeit lang mit geringer Eintrittsschwelle gelebt wurde, besteht die Gefahr, daß eine intensivere und einmalige Liebesbeziehung in diese Ebene des „Sex-Habens" zurückgenommen wird. Sie verliert dann aber gerade das, was sie einmalig machte. Die Versachlichung der Sexualität ist keine Garantie gegen das Scheitern, sondern macht gerade für das Scheitern anfällig.

Solche Kontrasterfahrungen wecken die Sehnsucht des Menschen, seine Sexualität zu sein, Mann und Frau, profiliert unterschieden und doch voller selbstüberschreitendem Einfühlungsvermögen in das Anderssein des anderen, sein zu können. Sex als Sein ist ein Zustand befreiter und höchst intensiver holistischer Liebe, ganz Leib, ganz Gefühl, ganz Geist – die Einheit mit sich selbst im Sein beim anderen.

Die neue Liebeskultur des Personalismus: Gefühl für die Gestalt des anderen.

Mit dem Namen des französischen Philosophen Emmanuel Lévinas ist eine Zusammenführung von Seinsphilosophie und Personalismus verbunden, deren Ruchbarkeit sich für die Philosophie des Eros (z. B. bei Alain Finkielkraut) bereits gezeigt hat. Ein kurzer, aber zentraler Gedankengang sei in diesem Kontext in seinen eigenen Worten dargestellt:

„... das Ich, das existiert, wird durch all diese von ihm beherrschten Seienden (existants) behindert. Die Behinderung der Existenz war die Form, die für mich die berühmte Heideggersche ‚Sorge' annahm. Von daher gibt es eine andere Bewegung: Um aus dem ‚es gibt' herauszutreten, ist es ... notwendig ... einen Akt der Ab-setzung zu vollziehen, in dem Sinne, wie man von abgesetzten Königen spricht. Diese Ab-setzung der Souveränität des *Ich* ist die soziale Beziehung zum *anderen*, die selbst-lose *(dés-inter-essé)* Beziehung. Ich schreibe sie in drei Wörtern, um das Heraustreten des Seins hervorzuheben, das mit ihr gemeint ist. Ich mißtraue dem Wort ‚Liebe', das verdorben ist, aber die Verantwortlichkeit für den *anderen*, das Für-den-anderen-Sein erweckte für mich von dieser Zeit an den Eindruck, das anonyme und sinnlose Rauschen des Seins aufzuhalten. Die Befreiung vom ‚es gibt' schien mir genau in dieser Art von Beziehung zu liegen ..." (Ethik und Unendliches, Graz–Wien 1986, 39) Lévinas erzählt hier seinen Schlüssel-gedanken, der die etwas solipsistische Existenzphilosophie Hei-deggers u. a. für eine Du-Philosophie aufschließt. Er hat viel dafür getan, daß *„der andere"* keine konturenlose Idee bleibt und daher eine Metaphorik des „Antlitzes" entwickelt, die den anderen nie allgemein werden läßt, sondern ihn als konkrete Begegnung, als Herausforderung für Verantwortung und für ein Ich-Geschehen nach der Selbst-Absetzung spürbar bleiben läßt.

Der Einfluß dieser Philosophie ist beträchtlich. Die Formel „Je – c'est un autre" enthält die Wiedergegebenheit aus der perso-nalistischen Du-Ekstase, ein neues soziales Selbst also, über das, aus ganz anderen Voraussetzungen, auch Sozialpsychologen wie George Herbert Mead, Sozialphänomenologen wie Alfred Schütz und Sozialethiker wie Gibson Winter nachgedacht haben.

Der Ausgangspunkt für diesen Schlüsselgedanken von Lévinas ist die Behinderung der Existenz des Ich, das doch gerade als zen-trales Subjekt die Herrschaft über alles Sein ausübt, das ohne seine Sprache und seine Assimilationsfähigkeit nur zeichenlos seiend wäre. Die platte Gegebenheit dessen, was einfach der Fall ist, be-setzt das auf sich selbst fixierte Ich so sehr, daß es einer Befreiung bedarf. Es ist die Befreiung von der Zweideutigkeit des Individua-lismus. Das Für-den-Anderen-Sein ist eine neue Personbeschrei-bung im Sinne der Tradition, die den Menschen personal versteht. Die Beziehung hält den Menschen selbst im Sein (Subsi-stenz), sie haftet der Subsistenz nicht äußerlich an. Damit ent-steht eine relationale Auffassung vom Menschsein: Beziehung ist ursprünglicher als Selbstsein.

Was so philosophisch ausgedrückt ist, hat der Poet Peter Handke in einem seiner Journale auf die Formel gebracht: „Liebe – Gefühl für die Gestalt des anderen." In seiner Geschichte „Die linkshändige Frau" und in der „Kindergeschichte" hat er dieses „Feeling" entfaltet, auch er in der Absicht, „das anonyme und sinnlose Rauschen des Seins aufzuhalten".

Die Niederlage des Du gegen das Ich, des Eros gegen den Sexus, der Sympathie gegen die Selbstbestimmung und des Seins gegen das Haben ist im 20. Jahrhundert nur eine verlorene Schlacht um das Gelingen der Liebe. Im „Gefühl für die Gestalt des anderen",

113

im Verstehen der „Empathie" und in einem Ethos der sozialen Selbsterwirkung an Stelle der individuellen Selbstverwirklichung melden sich neue Kräfte an. Lévinas' „dés-inter-essé" enthält die Ablösung vom alten Ich („dés-"), die Neubestimmung aus der Intersubjektivität („inter") und den Weg vom Haben zum Sein („esse"). Das Grundwort wäre mißverstanden, wenn man es einfach als Neubelebung des Altruismus und der Mitleidsphilosophie eines Schopenhauer verstehen würde (obwohl auch diese Philosophien heute wieder mehr Beachtung finden). Der Ansatz sucht einen tieferen Grund, ein Fundament, das Seinsphilosophie und Ethik (der Liebe) gemeinsam sein kann: die ekstatische Existenz im Bild der Selbsttranszendenz des Erotischen, wobei dieses „holistisch", d. h. in ursprünglicher Einheit mit dem Agapäischen oder Caritativen gesehen wird.

Liebe statt Ehe?

In den Jahren 1923/24 schrieb die dänische Autorin Tanja Blixen eine kleine Abhandlung zum Thema „Moderne Ehe". Sie nannte diese Abhandlung auch „Essay über die Ehe" oder „Abhandlung über Liebe und Ehe". Erst 1977 wurde das Typoskript dieser Abhandlung entdeckt, und 1987 wurde sie veröffentlicht. Der Essay „Moderne Ehe" war für Tanja (Karin) Blixen eine Arbeit mit einem doppelten Zweck: die Aufarbeitung ihrer eigenen Enttäuschungen in Liebe und Ehe und eine Übung in der Schriftstellerei, die sie in ihrer Jugend begonnen hatte und nun fortsetzen wollte. Sie war zu dieser Zeit eine Enddreißigerin, die sich etwa zehn Jahre zuvor nach Ostafrika verheiratet hatte, wo sich die Ehe zu einer „Tragödie" entwickelte. Die Ehe war gescheitert, mehr als eine nichteheliche Partnerschaft war in einer neuen Beziehung nicht möglich.

Die Kommentatorin Suzanne Prøgger nennt den Essay „ein Projektil, das nie abgefeuert und das auch nie zur Fiktion umgeformt wurde, sondern – merkwürdig genug – seine Sprengkraft behalten hat, unterminierend, beunruhigend. Wie ein Sturmwind fegt diese Schrift alle üblichen Vorurteile und Dogmen vom Tisch:

über die Ehe, das geheiligte Heim, über Intimität des Mannes und der Frau". Heute, im Jahre 1989, erscheint diese Schrift wie eine Vorgängerin, wenn auch von größerer Aufbruchsstimmung und leidenschaftlicherer Dynamik getragen, zu Herrad Schenks Buch „Freie Liebe – wilde Ehe" (1987, also über 50 Jahre nach dem Essay von Tanja Blixen). In den zwanziger Jahren, nach dem Ersten Weltkrieg, hatten viele Frauen die Erfahrung der Selbständigkeit gemacht, und diese Selbständigkeit, verbunden mit der Stimmung der zwanziger Jahre, führte zu einem freieren Umgang der Geschlechter miteinander. Das „moderne" Lebensgefühl hat sich gegenüber der herkömmlichen Ehe, der „Sachehe", wie Herrad Schenk sie nennt, in den zwanziger Jahren durchgesetzt. Tanja Blixens Vorstellungen sind zudem von einer, wie ihr scheint, naturwissenschaftlich begründeten Fortschrittsidee durchzogen, sie dachte daran, daß ihre „Moderne Ehe" zur Verbesserung bzw. zur Veredelung des Menschengeschlechtes beitragen würde. Wie Tanja Blixen die „moderne Ehe" versteht, wird in ihrer eigenen engagierten Sprache besonders deutlich:

„In der ganzen Geschichte der Menschheit ist kein Ideal aufgegeben worden, weil zu große Schwierigkeiten mit ihm verbunden waren, sondern all die Ideale sind verworfen worden, weil sie ihren Glanz verloren und keiner mehr Lust auf sie hatte oder sich wirklich von ihnen angesprochen fühlte." Das alte Ideal der Ehe als „einer ehrwürdigen Institution" lebt nach Tanja Blixen nur dem Namen nach, „denn für viele Menschen hat der Name mehr Wirklichkeit als die Idee" (S. 16). Die Liebesbeziehung hat daher die alte Ehe, die der Regelung von Lust, Besitz und Nachkommenschaft diente, schleichend ersetzt und selber ihren Namen übernommen. Tanja Blixen beschreibt den Vorgang so:

„Wenn in diesem Augenblick ein Vorschlag gemacht wird, der klipp und klar dazu führt, die Ehe abzuschaffen, so wird er vielleicht eben jetzt auf ziemlichen Widerstand stoßen. Vielleicht wird er von einzelnen Gruppen als revolutionär betrachtet.

Wie! – es leben noch viele alte Partisanen der Ehe, die vor vielen Jahren deren Fahne im Kampf gegen die freie Liebe hochhielten und siegten.

Ihr alten Partisanen der Ehe! Habt ihr in der Hitze des Kampfes der ‚freien Liebe' nie so fest ins Antlitz geblickt, daß ihr sie erkennt, wenn ihr ihr wiederbegegnet?

Dreht euch um. Es ist die freie Liebe, die mitten in der Bürgerschaft sitzt. Die Geistlichen segnen sie, die Bürgermeister registrieren sie, sie geht mit Ring, sie hat das Zepter und den Reichsapfel der Ehe, die Achtung der Gesellschaft und den Namen der Ehe selbst annektiert."

Im Anschluß daran wendet sich Tanja Blixen mit Bernhard Shaw dagegen, die Ehe mit Moral zu vermischen. Denn was ein Verhältnis zwischen einem Mann und einer Frau von einem unmoralischen zu einem moralischen Verhältnis macht, werde ja von allen die Liebe genannt. In der Beziehung übernimmt also die Liebe die Führung vor der ‚Moral'. Den modernen Menschen fielen, so meint Tanja Blixen, beim Stichwort „Ehe" Vorstellungen über die Liebe ein, kaum aber über den Geist des Gesetzes der Unauflöslichkeit (vgl. S. 20). Tanja Blixen testet die Rechtfertigungsideen für die Begründung der Ehe und findet sie der Begründung einer Beziehung allein in der Liebe nicht gewachsen: so erscheint die Fruchtbarkeit als Argument schwach, wenn es kinderlose Ehen gibt und wenn es in vielen Ehen eine große Phase ohne Kinder gibt. Auch die Öffentlichkeit kann keine zureichende Begründung mehr sein, ebensowenig wie die Anerkennung durch den Staat und durch die Kirche, wenn die öffentliche Anerkennung auch nicht-ehelichen Verbindungen zuteil werden kann, sobald sich die beteiligten Menschen offen dazu bekennen. Zuverlässigkeit und Treue wiederum unterstehen „der Moral der freien Liebe", d. h., „solange das Liebesverhältnis währt, ist Untreue eine Todsünde". Wenn die Rechtfertigungspunkte der Ehe in freien Liebesverhältnissen ausnahmslos wiederzufinden sind, wenn umgekehrt die freien Liebesverhältnisse sich selbst der Merkmale der Ehe bedienen, entsteht die Situation, daß „ein moderner, ehrenhafter und ideal veranlagter junger Mann die Liebe (anerkennt) und Ehrfurcht hat vor deren ewigem Recht; er wird vielleicht Bedenken haben, in ein Liebesverhältnis einzubrechen, die einer Ehe gegenüber nicht im mindesten in Betracht kämen".

Die Ehe scheint also keine Waffen mehr zu haben, um die freie Liebesbeziehung, deren Dauer von ihrer Intensität bestimmt wird, zu bekämpfen. Ein Zusammenleben ohne Liebe in der Ehe gilt als schlimmer als ein Zusammenleben mit Liebe ohne Ehe. „Denn in der ganzen Bibel der freien Liebe gibt es nichts Verwerflicheres als den Liebenden, der mit äußerlichen Umständen, mit alten, toten Versprechen, mit materiellen Werten die Liebe erzwingen will ... Für die moderne Lebensanschauung ist das ein Kampf zwischen Geist und Buchstaben, und der ist von vornherein verloren" (S. 25). Tanja Blixen kommt zu dem Schluß:

„Wenn diese Einschätzung richtig sein sollte und man etwas über moralische Werte sagen sollte, ist die moderne Ehe höchstens der Wolf im Schafspelz, und zudem ist die Wolle ziemlich dünn." (S. 27) Die Ehe wird daher, da sie ja dem Namen nach heute noch existent ist, nicht „aus moralischen Rücksichten bewahrt", sondern „im allgemeinen aus ästhetischen Rücksichten". Damit ist gemeint, daß man sich des äußerlichen und traditionellen Zierates des Eheabschlusses und der Auftritte als Ehepaare bedient, dieses Umfeld aber keineswegs für moralisch notwendig hält. An die Stelle der moralischen Achtung vor der Ehe tritt damit die ästhetische Achtung. Es geht der Ehe wie mancherlei Institutionen, die, wenn sie auch moralisch gestorben sind, ästhetisch überleben (Hermann Broch). Trauungsgottesdienste könnte man etwa dazu zählen. „Die moderne Ehe ist ... zu einem Feigenblatt geworden, über das man zwar ästhetisch streiten kann, das man aber moralisch als ein Nichts ansehen muß." Mancherlei Sätze von Tanja Blixen klingen, wenn man sie auf die zwanziger Jahre bezieht, für unsere Tage geradezu prophetisch: „Die junge Generation ... schließt ihre Ehen offen als Liebesverhältnisse und feiert ihre Hochzeiten als Liebesfest ... und wenn sie trotzdem die Traditionen liebt und an ihnen festhält, verändern diese unmerklich in einem neuen Lebenslicht ihre Bedeutung, und der Brautschleier, den es gibt, bezeichnet bereits weniger die mit der Liebe Unbekannte als die in die Liebe Eingeweihte." (S. 30 f.)

Sitte und Brauch haben sich entschieden geändert. Der Eheschluß wird zugleich zur Geschmacksfrage. Im Zusammenhang mit den nichtehelichen Lebensgemeinschaften stellen sich neue Geschmacksfragen. So fragte mich einmal der Vater einer Tochter, die in einem freien Liebesverhältnis lebte, wie man denn nun mit den Eltern des jungen Mannes zu verkehren bzw. wie man sie anzureden habe. Auf der Suche nach neuen Formen wird man in vielen Fällen auf alte zurückgreifen.

Für Tanja Blixen steht fest, daß die traditionelle Ehe im Gegensatz zur modernen Ehe auf einer Idee gründet, die nicht die Liebesbeziehung selbst sein kann. Denn Liebe kann letztlich nichts anderes wollen, als die sich ständig erneuernde Selbstverpflichtung aus der Freiheit, in der die Liebenden dem Willen folgen, der von ihrer Liebe bewegt wird. Tanja Blixen meint: „Ein Liebesverhältnis zwischen einem Mann und einer Frau wird zu einer Ehe, wenn es eingegangen wird in Anerkennung der Tatsache, daß die persönlichen Gefühle beider Partner, wie sehr sie zu Beginn auch auf diese bauen, einer Idee sich unterordnen und dienen sollen, die für beide höher steht als die Liebe selbst, einer Idee, die in aller Regel beider Lebenszeit in Anspruch nimmt, falls deren Anspruch nicht noch weiter geht." (S. 33) Die Ehe besagt demnach nichts anderes, als daß das Ende der Zuneigung in keinem Fall als das Ende der Zusammengehörigkeit betrachtet werden darf. Die Idee der „Unauflöslichkeit" ist für Blixens traditionellen Ehebegriff der tragende Grund. Der Umbruch erscheint für sie dann folgendermaßen:

„Nachdem man eine Zeitlang versucht hatte, die Liebe auf die Ehe zu gründen und als gegeben angesehen hatte, daß dort, wo eine gute und solide Ehe zugrunde lag, die Liebe sich mit Leichtigkeit und sozusagen von selbst, als deren Ziel, darüber erbauen ließ … gab man diesen Baustil auf, der offensichtlich irgendwo fehlerhaft berechnet war und kehrte das ganze Gebäude von oben nach unten, indem man die Liebe als Basis nahm und damit rechnete, daß eine gute und solide Ehe errichtet werden würde, wo ein starkes Gefühl das Fundament wäre."

In ihrem Bemühen um eine aufrichtige Betrachtung der Wirklichkeit ist sich Tanja Blixen darüber im klaren, daß die modernen Ehen auf dem so geschriebenen Fundament der Liebe leicht einstürzen. Denn sie gesteht zu: „Ein solches Gebäude kann höchstens so werden wie der schiefe Turm von Pisa und hat nur wenige Chancen, sich so gut zu halten. Denn in einem Verhältnis ist die Geliebte ein und alles, Anfang und Ende…, aber in der Ehe begegnen zwei Persönlichkeiten einander in einer Idee, und keine von beiden ist für die andere der höchste Lebenssinn, aber die Ehe selbst ist es für sie beide." Die Ehe ist also, so das Fazit, wirklich nur dem Namen nach erhalten, in Wirklichkeit aber nur noch eine Ruine. Warum aber kommt die Ehe zu Fall? Die Antwort Tanja Blixens lautet:

„Denn die Ehe kommt nicht zu Fall, wie sie selbst beliebt, dieses Verhältnis darzustellen, weil die freie Liebe wie ein Irrlicht die Gegenwart ins Moor gelockt hat, indem sie ihr ein Ideal gezeigt hat, dem viele bequemer und leichter folgen konnten. Sie kommt zu Fall durch ihren eigenen furchtbaren Mangel an Idealismus, ihre eigene freiwillige Unterwerfung unter den Buchstaben, so daß eine Ehe eine Ehe war und die schrecklichsten Dinge innerhalb ihrer vier Wände vor sich gehen konnten, ohne daß sie um ihres eigenen guten Namens willen eine Veranlassung fand zu protestieren. Sie kommt nicht zu Fall, weil ihre Gesetze streng sind und Aufopferung fordern – das erschreckt keinen einzigen Menschen – sondern sie kommt zu Fall, weil sie keinen Himmel kennt, der am Ende des Weges winkte, und weil sie keine Idee hat, weil die allgemeine Haltung ihr gegenüber jetzt ist: ‚Wozu soll das gut sein?' Sie muß sich daher bequemen, diese Frage zu beantworten ... oder mit Würde ins Bewußtsein der Menschheit einzugehen als etwas, das an die Ehrwürdigkeit des Vergangenen gebunden ist... womit die heilige Armee und das heilige Königtum sich abzufinden im Begriffe sind" (S. 37).

Sobald das Ideal der Ordnung und des Dienstes an der Weitergabe des Lebens und an der Erhaltung des Geschlechtes bzw. seines Besitzes und seiner Macht, sobald das Bedürfnis der Kanalisierung der Sexualität nicht mehr als zugleich anziehende und jeden Einsatz reizende Ideale erscheinen, kommt es zu der „aufgeklärten Auffassung", daß eine Institution an sich, „ohne eine Idee und ohne eine Begründung, für heilig erklärt wird", dann „ist es in Wahrheit Zeit, die Augen aufzumachen und ein unvoreingenommenes Urteil vorzubereiten" (S. 59).

Die konstruktiven Ideen, die Tanja Blixen für die weiterhin „Ehen" genannten freien Liebesverhältnisse der Zukunft einbringt, sind freilich auf den ersten Blick ziemlich problematisch:

Sie erwartet sich einiges aus der Geburtenregelung und aus der genetischen Wirkung gleichwertiger Partnerschaften, in denen die Frau dem Manne gewachsen sein darf. Die Überlegungen, die sie hier anstellt, sind zwar durchaus auch heute noch aktuell, aber viel stärker in ihrer Problematik erkennbar.

Lassen wir es bei der Herausforderung, daß die moderne Ehe als nichteheliche Lebensgemeinschaft oder als Ehe ohne Trauschein oder als nichtlegalisierte Zweierbeziehung, wie Herrad Schenk sagt, „nichts anderes ist, als eine notwendige Konsequenz der Liebesehe" (S. 14). Der wissenschaftlich-technische Fortschritt, der Wandel der sozio-ökonomischen Grundlagen, die Demokratisierung der Gesellschaft, die Sublimierung der Sexualität haben es mit sich gebracht, daß die in der individuellen Psyche begründete Liebesehe sich ihre eigenen, neuen und unter Umständen vielfältigen Normen formen muß, statt die Normativität der „Sachehe" (Herrad Schenk) bzw. Idee-Ehe (Tanja Blixen) zu kopieren.

In der Tat: Wie will heute ein katholischer Theologe Gesichtspunkte gegen diese moderne Eheauffassung, der die Liebe das Gesetz gibt, geltend machen, wenn selbst in der oft als restriktiv verstandenen Enzyklika Humanae Vitae Papst Pauls VI. die Liebesbeziehung über die Fruchtbarkeit gestellt wird? Die Revolution ist bis in die katholische Kirche eingedrungen; vielleicht hat sie versucht, ein Sowohl-als-Auch zu finden, wo es nur noch ein Entweder-Oder gibt. Versucht man heute, als Ethiker und als Theologe die Ehe aus dem freien Gefühl der Liebenden füreinander zu begründen, so ist in der Tat nur schwer einsichtig zu machen, weshalb diese Verbindlichkeit der freien Liebe durch Kirche oder Staat garantiert werden könnte oder sollte. Die Position eines Befürworters der institutionellen Ehe, der sich mit den Argumenten von Tanja Blixen auseinanderzusetzen hat, ist daher keineswegs komfortabel. Er hat zwar die Möglichkeit, sich in den Ideologiezusammenhang der traditionellen Eheauffassung zurückzuziehen, aber dann müßte er selbst zutiefst davon überzeugt sein, daß sozusagen gegen die Zeitläufte am Vorrang der Ehe vor der Liebe festzuhalten sei. Es hat daher auch keinen Zweck, hinter die Entwicklung zurückzugehen oder sie zu verlangsamen; es gilt vielmehr, sie konsequent zu Ende denken. So hängt alles von der entscheidenden Frage ab: Gibt es für die geschlechtliche Lebensgemeinschaft auf Dauer neben der Liebe noch eine andere Grundnorm, auf die man sich ergänzend beziehen könnte, oder kann aus der Selbstgesetzlichkeit der Liebe allein jene Dauer und innere Schlüssigkeit abgeleitet werden, die mit der Ehe zusammengehen könnten?

Meine These lautet nun: Es gibt eine gleichsam „postmoderne" Art, die Probleme der „modernen Ehe" bzw. der eheähnlichen Liebesbeziehung zu Ende zu denken. Wenn die Liebe konsequent sein will, muß sie andere Kräfte neben sich gelten lassen und in sich aufnehmen. Die erotische Liebesauffassung muß zu einer ethischen Liebesauffassung drängen. Wenn sie sich als erotische Liebesauffassung erhalten will, muß sie sich in einen offenen Prozeß ihrer Erneuerung hineinbegeben. Ohne die ethische Liebe ist die erotische Liebe, wie Botho Strauß sagt, dem launischen Begehren des Einzelwesens anheimgestellt, das von Willkür und Laune bestimmt ist. Letztlich wäre sich auch die erotische Liebe zu schade, wenn sie nur immer auf das Zusammentreffen Laune und Gelegenheit warten müßte. Sie wäre um ihre Intensität und Tiefe ebenso wie um ihre Chancen an Dauer gebracht. Deshalb hat der Eros schon immer ein Ethos der Liebe mitentwickelt, in das er seine starken Motivationskräfte einbrachte und durch den er sich mit den Ideen von Menschenwürde und Gerechtigkeit verbinden ließ. Die analytische, aufklärerische Entlarvung, die die Moderne an der Ehe zugunsten der Liebe (nicht ohne romantischen Einschlag) gemacht hatte, ist nur damit zu beantworten, die moderne Pseudo-Ehe zu enttarnen, die im Namen der Liebe über die Ehe selbst gestellt worden ist. Das Recht der modernen Liebes-Ehe, eine reine Sach-Ehe abzulösen, bedeutet nicht, daß sie der Weisheit letzter Schluß sein kann.

In einem Punkt möchte ich Tania Blixen ohne Vorbehalt zustimmen: „Es gibt keine Anstrengung, Gefahr oder Qual, die die Menschheit dauerhaft auf ihrem Wege zur Erreichung eines Ideals aufhalten kann, aber die Stunde des Ideals hat geschlagen, wenn allgemein gefragt wird: Wozu soll das gut sein?" Gemeint ist damit, daß das Ziel als solches in irgendeiner Weise für die Menschen aufregend und attraktiv sein muß, um als Idee in der Wirklichkeit akzeptiert zu werden.

Nach Tania Blixen ist kein Ideal einfach „zu haben" (S. 11 f.) Sie schreibt: „Zu Beginn des 19. Jahrhunderts, die alte Romantik vor Augen, die selig macht, da war es die einfachste Sache der Welt für die jungen Liebenden, das ganze Leben zu warten, vor Kummer zu sterben, das Leben auf die Erinnerung an eine Jugendliebe zu gründen, in Tränen auszubrechen, bei einem Wiedersehen ohnmächtig zu werden" (12). Und in der Tat kann man davon ausgehen, daß manche uns heute als schwierig erscheinenden Ideen und Vorstellungen zu ihrer Zeit eine so hohe Attraktivität besaßen, daß ihre Schwierigkeit dahinter verblaßte.

Dies sollte nach Tania Blixen auch für die Ideale der traditionellen Sexualethik gelten:

„Ein Ideal wie eheliche Treue oder vollkommene Keuschheit hat sich als leicht zu verwirklichen erwiesen, als es noch in ein so oder so beschaffenes Paradies führte, und würde noch heute verwirklicht werden können, wenn nicht gefragt würde: wozu soll das gut sein?" (13).

Aber gibt es nicht bleibende Ideen und Werte? Die bis heute herrschende Doppelmoral in der Sexualität hat solch eine Frage nach „bleibenden Werten" gewiß pervertiert. Denn oft rationalisierte man die „heimliche Liebe" neben der Ehe geradezu als „Rettung" der Ehe, die dadurch nicht bedroht wurde.

Solch traditionelle bürgerliche Doppelmoral beruhte darauf, daß sich Männer nicht nur anders verhielten als Frauen, sondern auch an diese Ansprüche stellten, die sie keineswegs selbst zu erfüllen gedachten. Der erfahrene Mann und die jungfräuliche Frau sollten sich ergänzen; sexuelle Nebentätigkeiten des Mannes hatten nicht das gleiche Gewicht wie ein einziger Ehebruch der Frau. Scheinbar ist diese Doppelmoral beendet; in Wirklichkeit setzte sie sich mit anderen Akzenten fort. Unter dem Deckmantel der Gleichheit der Geschlechter können die Männer neben ihren Privilegien auch ihre Verantwortlichkeit aufgeben; die Beendigung einer Beziehung nach Laune und Gelegenheit stellt unter solchem Vorzeichen kein Problem mehr dar. Botho Strauß hat in seinen Beobachtungen über Paare eine Szene in einem Café beschrieben, in der eine Freundin hilflos zusieht, wie ein Mädchen von ihrem Verehrer abserviert wird. Wenn alle nicht mehr im Namen der allgemeinen Moral, sondern nur noch im Namen des Eros etwas beanspruchen dürfen, dann hat der männliche Eros immer Recht, wie wetterwendisch er dabei auch sein mag. Wenn aber die unterstellte Gleichheit von Mann und Frau keine soziale Realität ist, dann profitiert von der vermeintlichen Gleichheit und tatsächlichen Ungleichheit am meisten der, der mehr zu sagen hat. Verlangt die alte bürgerliche Doppelmoral vom Mann zumindest, daß er seine sexuellen Privilegien mit Fürsorge gegenüber seiner Ehefrau ausgleicht, so ist die neue Doppelmoral des Mannes gleichsam kostenlos. Im Namen der Modernität wird die Liebe auf eine eigene Ethik, auf einen eigenen Ehrenkodex verpflichtet; es ist nicht erforderlich, daß dieser Kodex den allgemeinen ethischen Normen unterstellt wird. Ob es aber damit möglich ist, daß die Liebe zur Liebe wird, das ist sehr fraglich. Wenn man das alte augustinische Wort nimmt: ama et fac quod vis, – Liebe, und was du dann willst, das tue, – dann galt die Liebe in dieser Tradition immer noch als Summe des richtigen Ethos zwischen den Menschen, die erotische Liebe war den Gesetzen der Nächstenliebe unterstellt. Mag man in der Tradition die erotische Liebe gegenüber der Nächstenliebe abgetrennt und abgewertet haben, so wird hier im Zeichen der Modernität eine andere Hierarchie gestaltet: im Konfliktfall herrscht die erotische Liebe über die Nächstenliebe. Kann das aber im Sinne der Liebe sein? Das Problem liegt in der Doppelung des Liebesbegriffes, als ethischer und als erotischer. Zwar lassen sich diese Bereiche durchaus unterscheiden, aber wenn wir sie trennen wollen, geschieht dies auf Kosten der Menschenwürde. Es kann schließlich nur *eine* humane Ethik geben. Wollte man freilich diese Auffassung öffentlich und konsequent vertreten, dann würde man sofort mit einem üblichen Grenzfall konfrontiert. Kann der ungeliebte Partner oder die ungeliebte Partnerin im Namen der Nächstenliebe tatsächlich verlangen, daß ein wahrhaft lebendiges erotisches Verhältnis auf dem Altar der Nächstenliebe geopfert werde? Das Gesetz der erotischen Liebe lautet, daß sie alles als Opfer fordern, niemals aber sich selbst zum Opfer bringen darf. Die erotische Liebe scheint dem analog zu sein, was theologisch Gnade heißt: ich gönne, wem ich gönne. Es gibt zwar Kompromisse, und im Namen der erotischen Liebe ist nicht jede Schweinerei erlaubt. Aber die Prioritäten und die Hierarchien sind eindeutig gesetzt. In dem üblichen und bekannten Konfliktfall geht es darum, ob das Leben in der Beziehung scheitert oder gelingt. Das Leben in persönlichen Beziehungen gehört zu den Grundbedürfnissen des Menschen, und die Voraussetzung solcher Beziehungen ist nicht einfach der rational gesteuerte Willensentschluß, sondern die als dauerhaft erklärte erotische Anziehung. In den Formeln der traditionellen Ethik läßt sich der Konflikt auch so beschreiben: Der Mensch weiß, was er soll, aber er kann sich dem Anspruch dieses Sollens nicht stellen.

Es geht also in der Tat darum, was den Namen der Liebe verdient und ihn im Konfliktfall bewähren kann. Muß der Eros der Liebe dem Ethos der Liebe weichen? Diese Konsequenz kann als schön, aber auch als schauerlich empfunden werden. Sie ist logisch, aber im Grenzfall nicht human. Der Mensch mag im Namen der Liebe die Pflicht haben, innere Stimmigkeit und Dauer aufzuzeigen; er wird aber im Namen seiner Selbstliebe und seiner Identität auch das Recht darauf haben, ein anderer oder eine andere zu werden. Das Dilemma scheint unlöslich. Die heimliche Liebe neben einer Beziehung zugunsten dieser Beziehung einzusetzen, ist keine verallgemeinerbare und ethisch vertretbare Lösung. Zwar mag eine solche Liebe im Einzelfall vielleicht positive Effekte haben. Doch jede Nebenbeziehung mit zerstörerischer Auswirkung hebt solche Argumente aus den Angeln. Eine Generallösung scheint überhaupt nicht möglich zu sein. So muß es, wie in vielen ethischen *Konfliktfragen,* letztlich immer um eine humane Abwägung gehen. Der Mensch muß immer moralisch tun, „was geht", was ihn und die anderen Betroffenen in ihrer Menschlichkeit bestehen und gelingen läßt. Die schmerzlichen Entscheidungen sind im Grenzfall nicht zu präjudizieren. Aber eines ist dabei auch zu sagen: Die grundsätzlichen ethischen Richtigkeiten lassen sich nicht von extremen Grenzfallproblematiken her bestimmen. Eine ethische Norm kann schließlich nur im allgemeinen gelten, sonst würde sie Gewissen und Entscheidung einfach ersetzen. Normen sind Angebote zur sittlichen Orientierung, sie können im Einzelfall die moralische Wirklichkeit der Person ebensowenig ständig erreichen, wie die Grammatik die Realität der Sprache erreicht. Es scheint, wenn es um das verallgemeinerbar Richtige im Regelfall geht, jedenfalls besser zu sein, die Liebe in ihrer Fülle auszuschöpfen, d. h. die erotische Liebe in der ethischen Liebe aufzuheben. Für den Konfliktfall bedeutet dies: Die Beweislast ist so verteilt, daß die allgemeinen ethischen Anforderungen an die Liebe bzw. im Namen der Liebe das Forum sind, vor dem der Anwalt oder die Anwältin der erotischen Liebe den Beweis anzutreten haben. Der Schwung der erotischen Selbsterfahrung, der sich Liebe nennt, hat noch kaum das Du des anderen voll in den Blick bekommen. Die Ekstase zum erotischen Du reinigt zwar unseren Willen auch in ethisch relevanter Weise, so daß es uns in der Liebe leicht wird, der oder die Nächste des Nächsten zu sein. Niemand sollte diese Leichtigkeit, aus Liebe gut zu handeln, durch Hinweise auf Disziplin, Pflicht und Opfer verdächtigen wollen. Wem aber im Namen der erotischen Liebe die Moral leicht fällt, der sollte auch denjenigen nicht verdächtigen, dem im Namen der ethischen Liebe die Erneuerung des Eros möglich ist, auch ohne die hilfreichen Kräfte des ersten Verliebtseins. Was die Liebe zur Liebe macht, ist die ständige Ergänzung, Befruchtung, ein gegenseitiger Lernprozeß, in dem die allein ethische Liebe verknöchern müßte, käme ihr nicht der vom Eros motivierte Wille zu Hilfe (das umfaßt auch die sublimierten erotischen Formen der Liebe zu Gott). Und umgekehrt: die erotische Liebe verkäme zum Sumpf, gäbe es nicht den Widerschein der Humanität in ihrem Antlitz. Deswegen ist es einerseits richtig, dem Eros keine Unterwerfung unter die Herrschaft einer vom Eros befreiten Moral zuzumuten. Diese Moral wäre steril und könnte nicht im Namen der Menschen sprechen, die gerade durch den Eros zu ihren besten humanen Kräften befreit werden. Also geht es hier nicht um „Beherrschung". Es geht aber auch nicht an, daß in einem konsequent modernen Sinne die einander wechselseitig belehrende Partnerschaft zwischen Erotik und Humanität zugunsten einer Gewaltherrschaft des Eros aufgegeben wird.

Der Eros als Gewaltherrscher kehrt sich gegen die Erotik selbst und verwandelt sie in sadomasochistische Inhumanität. Die alten Bilder von der Gemeinschaft zwischen irdischer und himmlischer Liebe sind daher sinnvoller als die Bilder der Alternative des Gegensatzes, die bis heute die Humanität der Geschlechterbeziehung durch die Herrschaft der einen Seite über die andere lähmen. Was kann der, der wirklich in der Selbstüberschreitung des Eros und in der Suche nach einer neuen Stufe der menschlichen Gemeinsamkeit lieben will, gegen eine Anforderung an diese Liebe im Sinne der Disziplin, der Wahrung der Würde, der Integrierung der Selbstliebe, des Ausgleiches zwischen Gerechtigkeit und Privilegien, der Zueinandergehörigkeit von Pflicht, Treue und Fürsorge, von Spiel und Ernst – was kann der Liebende dagegen haben, wenn im Namen der Liebe Forderungen an ihn gestellt werden, die diesen Namen der Liebe verallgemeinern und verschönen, weil sie *auch* humane Forderungen sind?

Mit Recht fordert Tanja Blixen, daß man der zugleich erotischen und humanen Liebe nicht nur den Ernst, sondern auch das Spiel gestatte. Robert Musil hat gesagt: „Man muß die Wahrheit dort suchen, wo sie sich meist verborgen hält, an der Oberfläche". Wer nur die Tiefe und nicht die Oberfläche der Liebe will, gesteht ihr z. B. kaum die Hauterfahrung zu, als welche Ton Lemaire die Zärtlichkeit der Geschlechter definiert hat. Wer ständig den Ernst der Liebe gegen ihr Spiel ins Feld führt, der nimmt die Liebe letztlich nicht ernst genug, denn ernst sein kann sie nur als Spiel. Aber es geht auch umgekehrt: Wer nicht den eigenen Ernst im Spiel erkennt, der kann nicht intensiv spielen. Die Tiefe im Spiel der Liebe soll heiter, die Oberfläche im Spiel der Liebe ernst sein. Wir brauchen im Namen der Fülle der Liebe diese Gegenwendigkeiten. Deshalb sei der Disziplin die Toleranz, der Selbstliebe die Selbstüberschreitung, der Gerechtigkeit die Hingabe, der Menschenwürde der Menschendienst, dem Ernst das Spiel, der Pflicht die Neigung, der Treue das Risiko, der Fürsorge die Eskapade an die Seite gestellt. Für diese Dialektik der Liebe wenigstens ein Beispiel: Im ersten Johannesbrief, einem berühmten theologischen Kommentar der Liebe, heißt es unter anderem: Furcht ist nicht in der Liebe, denn die Liebe treibt die Furcht hinaus. Was wäre auch eine Liebe, die zum Fürchten wäre? Was wäre die Liebe Gottes zu den Menschen, wenn sie zum Fürchten ist? Und doch kann ich Gottes- und Menschenfurcht kennen und dabei lieben. Welcher Art ist nun diese Furcht in der Liebe? Die Furcht muß letztlich in der Alternative der Liebe unterliegen, indem sie in ihren Dienst tritt. So sind alle Eigenheiten, die um die Liebe kreisen und mit der Liebe gegeben sind, an ihrem Platze in der Liebe beheimatet und können ihr helfen. Die reaktionären Ideen, die im Namen der Liebe über diese gestellt werden, sind daher ebenso zu entlarven wie die modernen Ideen, die im Namen der Liebe die Sünden gegen die Liebe bemänteln sollen. Wir brauchen keine Doppelmoral, sondern wir brauchen eine Spannungseinheit der Moral, die zugleich die Liebe als Form aller Tugenden begreift und auf der anderen Seite sich auch den Inbegriff der Tugenden in der Liebe beweisen läßt. Der Ernstfall der erotischen Liebe ist die Nächstenliebe; der Ernstfall der Nächstenliebe ist ohne Liebe von Angesicht zu Angesicht nicht zu erreichen.

Ziehen wir nun die Konsequenzen für die Frage nach Liebe und Ehe oder für die Frage, inwieweit wir auf dem Weg zu einer postmodernen Ehe sind, indem wir konsequent die moderne Ehe zu Ende denken. Wenn wir mit Ehelichkeit sowohl etwas Inneres der Liebe als auch etwas Äußeres, Institutionelles meinen, dann verlangt gerade diese Ehelichkeit die Dialektik zwischen innen und außen. Ehelichkeit ist also einerseits das, was die Liebe zur Liebe macht, jener Inbegriff des Liebens, in welchem ihre Fülle zu Worte kommt und ausschöpfbar wird. Auf der anderen Seite aber muß Ehelichkeit gerade die Beweislast übernehmen, daß diese Fülle der Innerlichkeit der Liebe nicht nur bekannt und anerkannt, sondern auch vollzogen wird. Wer sozusagen vor der Frage steht, ob er nach außen vollzieht, was innerlich als Fülle da ist, der wird das Bedürfnis von innen und nicht den Druck von außen spüren. Nun ist sicherlich nicht zu vergessen, daß die äußerliche Ehelichkeit im Namen der Pflicht, der Disziplin, der Unauflöslichkeit und der Furcht gleichsam völlig undialektisch gegen die Liebe eingeklagt wird. Das sieht dann so aus, als wäre der Trauschein geradezu ein Beweis dafür, daß die Tragekräfte der Liebe selber nicht bindend genug sind, um diese Partnerschaft zusammenzuhalten. Mit diesem Argument werden liebende Frauen von unverbindlichen Männern geködert. Sie wollen ja alles der Liebe und nicht dem Trauschein verdanken. In der Tat wäre dieser Trauschein ein unnützes Papier, wenn der liebende Konsens nicht in sich selbst gefüllt wäre. Doch wenn die Einheit zwischen Innen und Außen zur Ganzheitlichkeit des Menschen hinzugehört, die ja heute immer wieder unter verschiedenen Vorzeichen eingeklagt wird, dann sind gut begründbare, d. h. humane Kriterien gewachsener menschlicher Institutionen keine Last, sondern eine Lust, sie sind befreiend, nicht unterdrückend. Vielleicht hat die Institution der Ehe in postmodernen Zeiten ihre Zukunft, ihr Abenteuer noch vor sich. Jedenfalls wäre es auch nach Tanja Blixen sinnlos, wenn eine Idee zur Wirkung käme, ohne die Menschen durch Ansprüche und Opfer „anzulocken". Die postmoderne Ehe wird in jedem Fall eine andere sein als die bürgerliche Ehe des 19. Jahrhunderts; sie wird eine andere sein als die vorübergehende Lebensgemeinschaft, die manchmal als Zugeständnis den Namen Ehe trägt, sie wird sich messen an der Humanität und an der Erotik der Liebe, und sie wird ihre Verbindlichkeit als ihre festliche Freude interpretieren können.

5. Vom Ethos des Scheiterns und Wiederbeginns

Leid und Abschied

Jede Liebe hat es mit Leiden zu tun. Auf Ursachen wie den Besitzanspruch, die Liebe auf Probe oder die Entfremdung nach der Verschmelzung (Ingeborg Bachmann) sind wir bereits eingegangen. Mit der Sensibilität der Liebe erhöht sich auch die Sensibilität für den Schmerz in der Beziehung. Dies gilt nicht nur für die erotische Liebe, sondern auch für die anderen Formen, in denen die Liebe ihre besondere Intensität erreicht: die Elternliebe, die „objektive" Liebe für die Gerechtigkeit, die Selbstliebe. Die rechte Selbstliebe kann man auch als Sensibilität für die eigene Menschenwürde betrachten. Sie widersteht darum auch einer Entwürdigung durch eine unerwiderte erotische Liebe. Die Leiden der Selbstliebe liegen entweder in der Entwürdigung oder in der Übertreibung und Überschätzung des eigenen Selbst.

Man kann daraus erkennen, daß die Quelle des Leidens nicht die Liebe selbst ist. Die Liebe verlangt nicht das Leid als Eintrittspreis. Aber es gibt von außen oder auch von innen entstehende Probleme mit der Liebe, welche durch ihre Differenz zur Liebe eben Leiden schaffen. Das Leiden ist nicht *in* der Liebe gegeben, sondern es ist oft *mit* der Liebe gegeben, weil ich selbst und die Welt nicht liebesförmig sind. Es ist nicht der Überfluß an Liebe, sondern der Mangel an Liebe, der in der Welt Leiden macht. Wo freilich das Übermaß der Leidenschaft sich so auswirkt, daß es Leiden schafft, da wirkt von der Liebe nur der Name, nicht sie selbst. Was in der erotischen Liebe Leiden schafft, kann in der Elternliebe aus Überbetreuung Kummer, kann im Eifer für die Gerechtigkeit Rechthaberei und kann in der Selbstliebe Über- oder Unterschätzung des eigenen Ich heißen.

Das Leiden entsteht also in der Differenz zwischen Liebe und Nicht-Liebe. Wenn Tod und Leiden in der Welt der Liebe überwunden sein können, dann ist alles das, was im einzelnen jetzt schon wirklich ganz Liebe ist, *ohne* Leid, und daher ist es Glück und somit ein Vorgeschmack auf das, was Erfüllung im Ganzen sein könnte. Die Fülle der Liebe ausschöpfen, wie es das christliche Liebesethos empfiehlt, ist auf diese Weise auch ein Weg zum Glücken des Menschen. Damit der Mensch nicht nur glücklich ist, sondern auch das Glücklichsein wahrnimmt und erlebt, braucht er freilich in diesem Leben den Kontrast des Leidens. Aber ein Glück, das man ohne die Schärfe des Kontrastes wahrnehmen könnte, wäre erst im eigentlichen Sinne ein volles Glück, nämlich ein anderer in sich ruhender und aus sich selbst heraus spannender und entspannender Zustand, nicht nur ein vorübergehendes Erleben.

Leiden gehört also nicht zur Liebe, aber es ist möglicherweise ein Wegweiser zur Liebe, indem es von sich wegweist auf das, was sein größtes Gegenteil darstellt. Der Umgang mit Leiden ist nicht der „Preis" der Liebe, gehört aber auf den Weg zur Liebe und damit zur Dialektik der Liebe. Leiden erhöht und vertieft die Selbstreflexion des Liebens. Die Betroffenheit stimuliert die Vertiefung der Erinnerung, das „Sich-Zurückbeugen" auf die Schärfe der Wahrnehmung, das wir „Reflexion", Denken, nennen. Auf der anderen Seite geht es auch um eine Schule des Herzens: um sein Verstehen, um seine Geduld, um seine Erwärmung, die wir Barmherzigkeit nennen. Wo aber das Leid im Glück der Liebe sich vom Schmerz entfremdet und zum süßen Leide wird, da wird ein Stück von jener Verwandlung erfahrbar, die die Gegensätze der Welt in der Liebe aufhebt. Wenn die christliche Offenbarung sagt, Gott ist Liebe, dann ergibt sich daraus, daß zwar die Liebe in der Welt ist, die Welt aber nicht in der Liebe. So zeigt sich die Differenz zur Liebe im Leiden, darüber hinaus im Scheitern und im Abschied.

Daß Liebe Liebe mit Abschied sein kann, betrifft nicht nur die Modelle erotischer Liebe, sondern auch die Elternliebe, den Eifer für die Gerechtigkeit und die Selbstliebe. Die Liebe hört nicht auf, aber sie kommt nicht an, und darum geht sie; das ist ihr Abschied.

Es gibt zweierlei Abschied. Der eine Abschied ist, wenn auch leidvoll, kein Scheitern. Es ist der Abschied, vielleicht mit Wehmut, vielleicht aber auch nicht ohne Wiederkehr, der auf eine Liebe zukommt, die jenem Samen gleicht, der nach dem Gleichnis Jesu entweder auf den trockenen Weg fällt oder zwischen Unkraut erstickt wird im Keimen oder eben von den Vögeln aufgepickt wird. Es gibt Abschied, ohne daß die Blume der Liebe erwachsen wurde und ihre Blüte kennengelernt hat. Auch Liebe, die an der Oberfläche bleibt, kennt solchen Abschied.

Aber die andere Art des Abschiedes ist gewichtiger. Dieser Abschied hat es mit dem Scheitern zu tun, mit der Verwandlung des Baumes in seine Bruchstücke, die es nur noch wert sind, in den Ofen geworfen zu werden. Das Scheitern der gewachsenen Liebe ist die große Herausforderung der Sorge um die Liebe. Das gilt nicht nur für die erotische Liebe, sondern auch für die Elternliebe oder für die Liebe zwischen den Generationen, weiter auch für die objektive Liebe für die Gerechtigkeit und schließlich für die Selbstliebe. Auch die Selbstliebe kann scheitern, und sie kennt den Abschied in jener Form der Ähnlichkeit und der Gleichheit zum Tod: Abschiednehmen als eine Ahnung vom Sterben. Das wissen alle, die mit dem Gedanken und mit Versuchen zur Selbsttötung umgegangen oder konfrontiert worden sind. Das Scheitern der Liebe zu andern trägt auch im Keim das Scheitern der Liebe zu uns selbst in sich. Viele wissen darum, wie schwer es ist, die Verwundung des Selbst und die Verwundung der Liebe auseinanderzuhalten. Dies hat seinen wahren Kern darin, daß mit jeder Beziehung auch immer das Selbst auf dem Spiele steht.

Leiden gehört zum Mysterium des Übels der Welt. Es ist zwar nicht ohne Beistand und ohne Trost, aber es liegt nicht in unserer Macht, das Geheimnis des Übels in dieser Welt zu ergründen. Der gewaltlose Umgang mit dem Leiden setzt an den Stellen seiner größten Gewalt keinen Widerstand entgegen, sondern Schmerzen sind als Schmerzen zu verstehen, den Wunden ist nicht zu gestatten, sich zu früh zu schließen und zu entzünden. Das sind Prozesse, die das ganze Engagement und die ganze Lebenserfahrung der Beteiligten herausfordern können. Der gewaltlose Widerstand gegenüber dem Leiden bedeutet konstruktive Annahme, nicht aber zerstörerische Resignation. Die Gewalt des Leidens wird in die Beharrlichkeit des Widerstandes transformiert.

Aus dem Leiden folgt kein automatisches Lernen. Wer die Gefährdung der Liebe kennenlernt, müßte in der Liebe ein anderer werden: vorsichtig und verantwortlich in allem, was ihm anvertraut und hingegeben ist; getragen von der Einsicht, daß menschliche Beziehungen das Glücken der Beteiligten nicht garantieren können; geöffnet für die Aufrichtigkeit des Herzens und auch nach längerer und intensiver Bekanntschaft bereit, mit dem Abenteuer der leidenschaftlich gebundenen Liebe mit dem gleichen Partner zu rechnen.

Leiden, Scheitern und Abschied sind nicht zu vermeiden. Sie dürfen freilich nicht einfach routiniert zum Zubehör der Liebe gemacht werden. Wir können und müssen ihr Ausmaß reduzieren. Wo immer es uns gelingt, mit rechtzeitig eingeleiteten Prozessen der Achtung und Zärtlichkeit, der Selbstdistanz und der Ablösung gegen Ursachen wie Haben- und Besitzen-Wollen, Entfremdungsgefahren und Gleichgültigkeit vorzugehen, gibt es eine, wenn auch relative Chance. Die Liebe in sich selbst ist die Kunst, das Leben angesichts der Lebens- und Liebesfeindlichkeit der Realität lebendiger zu machen. Die Erfahrungen von Leid, Scheitern und Abschied entsprechen den Geburtswehen der Schöpfung, in deren Schoß die Liebe Gottes die Natur des Menschen umgreift.

Erfahrungen des Scheiterns

Scheitern ist das unwiderrufliche Zerreißen eines Lebensentwurfes. Unser Lebensentwurf entfaltet sich auf verschiedenen Ebenen. Die drei nicht-physischen Grundbedürfnisse des Menschen sind: das Bedürfnis nach gelingenden persönlichen Beziehungen, das Bedürfnis nach sozialer Anerkennung und das Bedürfnis nach Sinn im Leben. Die Erfüllung des Bedürfnisses nach gelingenden persönlichen Beziehungen kann nicht scheitern, ohne daß die anderen Bedürfnisse in Mitleidenschaft gezogen werden, also das Bedürfnis nach sozialer Anerkennung und das Bedürfnis nach einem Sinn im Leben, hinter dem auch das Bedürfnis nach einer Beziehung zu Gott steht.

Scheitern ist unumkehrbar. Die Kennzeichen von Scheitern sind Unumkehrbarkeit und Unwiderruflichkeit. Krisen sind überstehbar, Probleme sind lösbar. Wenn wir vom Scheitern sprechen, dann meinen wir etwas, das unwiderruflich ist.

Alles Scheitern ist zwar unwiderruflich, aber nicht alles scheitert zugleich. Scheitern muß nicht total sein. Wenn wir die christliche Perspektive der Gottes-Liebe in das Scheitern als das unwiderrufliche Zerreißen des Lebensentwurfes Ehe oder Beziehung einbringen, dann erkennen wir: *der scheiternde Mensch ist nicht verworfen,* er ist nicht ganz und gar gescheitert.

Ein Blick auf die Bibel kann das verdeutlichen: David ist ein scheiternder Mensch, der seine Berufung in der Ehebruch- und Mord-Geschichte mit der Batseba bzw. mit Uria verspielt. Seine Schuld wird ihm vom Propheten vorgehalten, aber er wird von Gott nicht verworfen. Ein anderes Beispiel: Bei Matthäus ist der Weg von der Ausrufung des Petrus als Felsen der Kirche (16, 18) bis zur Verfluchung des Petrus als Satan nur gerade fünf Verse weit (16, 23). Petrus scheitert ja ständig: er gibt, nach der Leidensweissagung Jesu, Jesus den falschen Ratschlag, den Ratschlag des Teufels, wie Jesus sagt; er scheitert bei der Verleugnungsgeschichte; er scheitert, als es darum geht, Judenchristen und Heidenchristen zusammenzuführen, und Paulus muß ihm dies erst durch seinen Widerstand deutlich machen. Auch in der Frage nach dem Sinn oder nach der Beziehung zu Gott gibt es so viel Erfahrung von Scheitern, wie man sich nur vorstellen kann. Aber christlich gesehen ist der scheiternde Mensch nicht verworfen. Ihm kann sogar eine besondere Berufung und Erwählung gelten.

Zum Scheitern gehört eine Vorstellung vom Gelingen. Wenn wir keine Vorstellung vom Gelingen eines Lebensentwurfes haben, dann können wir uns auch nicht als Gescheiterte sehen. Diese Vorstellung vom Gelingen kann mehr oder weniger bewußt, mehr oder weniger reflektiert sein. So offensichtlich diese Einsicht ist, so wichtig ist sie, denn erst durch das Ideal, das wir vom gelingenden Leben auch in unseren persönlichen Beziehungen haben, kommt im Kontrast die Erfahrung zustande, daß unsere eigene Sache gescheitert ist.

Zum Scheitern gehört manchmal die *falsche* Vorstellung vom Gelingen, gehören die *falschen* Ideale. Je falscher das Ideal, um so näher das Scheitern. Dazu ein Beispiel von Dorothee Sölle. Sie erzählt von einer Frau in einem kleinen bayrischen Dorf, die mit ihrem Mann und ihren drei Kindern lebt: „Der Mann ist ein schwächlicher Typ von kleiner Gestalt und geringen geistigen Gaben. Er trinkt seit vielen Jahren, kommt dann mutig nach Hause und rächt sich an seiner Frau für alles, was das Leben ihm vorenthalten hat. Er quält sie systematisch, er beschimpft sie und schreit bei offenem Fenster, daß die Nachbarn es hören, macht die Kinder wach, schlägt auch die Frau ... Er versucht, ihr den Rückhalt in der eigenen Familie zu nehmen, indem er sie bei ihren Geschwistern verleumdet oder indem er ihre Mutter und die besuchenden Brüder beschimpft und sie aus dem Haus wirft. Die Frau erträgt diese Hölle, sie geht am Wasser entlang und wünscht sich, darin zu liegen, sie spricht auch von Selbstmord, wird ihn aber, schon wegen der Kinder, kaum vollziehen. Zu einer Scheidung ist sie nicht zu bewegen" (Leiden, Stuttgart 1973, 18 f.) Sie leidet gleichsam stumm. Das falsche Ideal, worin besteht es? In dem Glauben an eine Institution „Ehe" als leidvoller Zweckverband auf Gedeih und Verderb. Im Glauben, als sei der Mensch, vor allem die Frau, in der Ehe mit Christus gekreuzigt. Im Glauben, daß die Hölle ausgehalten werden muß. Diese Frau leidet, weil es ja gar keine Aussicht gibt auf Änderung. Sogar die Hölle muß ausgehalten werden, um einer vielleicht gut begründbaren, konkret aber um ihren Sinn gebrachten Institution willen. Je falscher das Ideal, um so näher und um so größer ist das Scheitern, in diesem Fall *in* der Ehe.

Es ist in diesem Zusammenhang nötig, einen Blick auf einige fragwürdige Eheideale zu werfen, mit denen die Kirche lange Zeit die Ehen geformt hat. Daß die Ehe nichts anderes ist als ein Instrument der Familiengründung, als eine nach vorne verlängerte Familie, das war die einseitige Isolierung des Ehezweckes der Fruchtbarkeit. Neun Monate dauerte die Ehe, dann begann die Familie. Dieser Gesichtspunkt ist heute angesichts der Erfahrung, daß die Familienphase nur eine vorübergehende Phase in der Ehe ist, zurückgetreten.

Ein anderes fragwürdiges Eheideal beruht auf der „Verschmelzungsmystik": In jeder Handlung, in jedem Wort, auch bis in die körperliche Vereinigung hinein muß ein Prozeß der Vergeistigung reichen. Worte und Taten werden so zu zelebrierten Symbolen. Die zelebrierte Sache ist wichtiger als die beteiligten Personen. Von Verschmelzungsmystik ist hier im Sinne einer Überhöhung in eine Pseudo-Realität die Rede, mit wahrer Mystik im Sinne einer Suche nach einer religiösen Tiefendimension der Wirklichkeit hat dies nichts zu tun.

Das dritte fragwürdige Ideal ist die Zellenideologie. Die Ehe, die Familie gelten als „Zelle" der Kirche, „kleine Kirche" heißt es in kirchlichen Dokumenten, oder als „Zelle" der Gesellschaft. Wie eine Zelle im Organismus steht sie unter dem Druck, gleichsam Quelle für die Belebung der Kirche oder Gesellschaft zu sein. Das Ideal wird falsch, wenn es die Wirklichkeit überspringt, und je größer es erscheint, um so größer ist das Leiden an seiner mangelnden Entsprechung zur Wirklichkeit.

Wir müssen uns fragen, ob wir das Scheitern fragwürdiger Ideale eigentlich zu Recht als Scheitern erleben. Im übrigen gilt dies ebenso für kirchliche wie für andere soziale Fehlformen. Ich möchte eine solche Fehlform herausgreifen, die sehr wirksam ist: die Verwechselung der Verzauberung durch den Eros mit der Kompetenz zur Liebe. *Die Faszination des Eros* erscheint daher als die Problemlösungsquelle für alle Schwierigkeiten. Der Eros wird dabei zu sehr vom eigenen Ich her gesehen. Das heißt: das erste, was ich in der Begegnung erfahre, ist ein *erotisches Selbsterlebnis:* Ich liebe. Ich erfahre mich selbst als den Liebenden, das große „Ich" im „Ich liebe". Dann erst kommt die Erfahrung „ich liebe *Dich*", d. h. ich nehme die Person, die mich als solche fasziniert, eigenständig wahr und erfahre nicht nur mich selbst als den großen Liebenden. Oft bleiben wir bei dieser Ich-Du-Erfahrung stehen, während der Schritt zu dem wichtigsten Punkt, zu dem „*Wir* lieben uns", also zu der Gemeinsamkeitserfahrung, die von beiden sowohl in ihrer Unterschiedenheit als auch in ihrer Annäherung getragen wird, nicht zustandekommt. Die Liebesbeziehungen in den Fernsehserien zeigen: alle Beziehungsfragen lassen sich dort in die Frage nach dem „Ich" und in die Frage nach dem „Du" auflösen.

Zum Scheitern gehört eine Vorstellung vom Gelingen. Haben wir die richtige Vorstellung vom Gelingen? Von dieser Vorstellung hängt ab, daß wir auch die richtige Einstellung zu einem möglichen Scheitern haben. Die Suche nach dieser Einstellung ist eine Aufgabe, die nur in Konfrontation mit flachen Vorstellungen in der Gesellschaft und in kritischer Verarbeitung von Idealen zu lösen ist.

Zur Erfahrung des Scheiterns gehört eine letzte Undurchdringlichkeit des Warum. Ich kann im Grunde die Frage, warum ich jemanden liebe, warum ich z. B. meine Frau liebe, nicht so auflösen, daß die Antwort obejektivierbar und daher auf jeden einsichtigen Mann übertragbar wäre, sonst würden am Ende alle Männer meine Frau lieben. Nur eine Teil-Aufklärung ist für mich selbst möglich, ein Stück Plausibilität der Liebe. Es gibt eine Undurchdringlichkeit des „Warum" in der Liebe, und ebenso gibt es auch eine Undurchdringlichkeit des Warum im Scheitern. Warum ist eine Beziehung gescheitert? Ich jedenfalls könnte das für andere und für mich selbst letztlich nicht ganz und gar beantworten. Es mag vielleicht Teilantworten geben, die bis zu einem gewissen Grade auch genügen. Aber es bleibt im Positiven wie im Negativen eine letzte Undurchdringlichkeit des Warum. Sie gehört zu unserem Leiden am Scheitern, denn Leiden läßt sich um so schwerer aufarbeiten, als wir die Warumfrage nicht beantworten können, auch wenn wir durchaus zur Trauerarbeit bereit sind.

Ich möchte das nicht nur auf die psychologische Dimension beziehen. Das Phänomen, das ich meine, gehört auch in die religiöse Dimension. Mit einem Text von Dorothee Sölle, der sich auf ihre eigene Erfahrung bezieht, läßt sich dies erläutern. Zur Zeit, als ihre Ehe geschieden worden war, sollte sie in einem Fernsehinterview über ein Thema sprechen, und ihr wurde deutlich, daß sie etwas anderes zutiefst erlebt hatte und das nur schwer mitteilen konnte. Theologen scheuen normalerweise das Risiko, ihre Theologie auf dem Prüfstand persönlicher Erfahrung und existentieller

Einsichten zu erzählen, statt sie gedanklich aufzubauen. Das Tiefenerlebnis eines psychischen Todes hat Sölle anläßlich ihrer Ehescheidung gemacht: „Ich dachte, ich könne über Religion und Theologie reden. Aber zum Geheimnis religiöser Sprache gehört es, daß es sich nicht zu einem Instrument verdinglichen läßt, weil sie, so benützt, nichts als das unbrauchbarste, unpräziseste Geschwätz hergibt. Die Sprache der Religion ist gesammelte Erfahrung, die lebendig nur dort wirkt, wo sie aus Erfahrung auf Erfahrung hinspricht." Im folgenden redet sie über ihre Erfahrung des Sterbens: „Dieser Tod (es geht um den Beziehungstod) war für mich die vollständige Zerstörung eines ersten Lebensentwurfs. Alles, worauf ich gebaut hatte, was ich gehofft, geglaubt, gewollt hatte, war vernichtet. Es ist wahrscheinlich eine ähnliche Erfahrung wie beim Tod eines sehr geliebten Menschen. Nur daß in der Geschichte einer Ehe und einer Trennung das Moment der Schuld notwendig eine größere Rolle spielt und das Bewußtsein, etwas vergessen, versäumt und unwiderruflich falsch gemacht zu haben, nicht durch irgendeine Form von Schicksalsglauben beschwichtigt werden kann. Ich habe über drei Jahre gebraucht, nicht um damit fertig zu werden, sondern um die mich ständig begleitenden Wunschphantasien des Selbstmordes zu überwinden. Sterben wollen, war die einzige Hoffnung, der einzige Gedanke. In dieser Situation ging ich einmal auf einer Reise durch Belgien in eine dieser spätgotischen Kirchen. Der Ausdruck ‚beten‘ kommt mir jetzt falsch vor. Ich war ein einziger Schrei. Ich schrie um Hilfe und dahinter konnte ich mir zweierlei vorstellen. Daß mein Mann zu mir zurückkehrte oder daß ich stürbe und diese Dauerhinrichtung endlich aufhörte. In dieser Kirche fiel mir, in meinen Schrei versunken, ein Wort aus der Bibel ein: ‚Laß dir an meiner Gnade genügen‘." (Die Hinreise, Stuttgart 1975, 42 f.) Sölle zeigt präzis die Erfahrung der Undurchdringlichkeit, aber auch die Erfahrung des Erbarmens und des Angenommenseins, des Nicht-Verworfenseins, ohne daß diese Warum-Frage geklärt wird: „Ich fing an", sagt Sölle, „in der Größe eines Stecknadelkopfes zu akzeptieren, daß mein Mann einen anderen, seinen eigenen Weg ging. Ich war am Ende und Gott hatte den ersten Entwurf zerrissen. Er hat mich nicht getröstet wie ein Psychologe, der mir erklärte, daß dies vorauszusehen gewesen sei. Er bot mir nicht die gesellschaftlich üblichen Beschwichtigungen an, er warf mich mit dem Gesicht auf den Boden. Es war nicht der Tod, den ich mir wünschte, aber auch nicht das Leben. Es war ein anderer Tod. Später habe ich gemerkt, daß alle, die glauben, ein wenig hinken wie Jakob, nachdem er mit dem Engel gekämpft hat. Sie sind schon einmal gestorben. Man kann es niemanden wünschen, aber auch nicht versuchen, es ihm durch Belehrung zu ersparen. Die Erfahrung des Glaubens ist ebensowenig ersetzbar wie die Erfahrung der Liebe." (a. a. O. 43 f.)

Mir scheint, aus diesen Worten spricht wirkliche Weisheit, die nicht oberflächlich erkundet, sondern durchlitten ist.

Zur Erfahrung des Scheiterns gehören diffuse Schuld-Gefühle.
Schuldgefühle werfen die Frage an sich selbst auf: Was habe ich falsch gemacht? Ein schlechtes Gewissen wird nicht nur durch eine offenkundige Handlung erzeugt, so wie beispielsweise der verlassende Mann ein schlechtes Gewissen hat; das schlechte Gewissen ist auch dem Bleibenden eigen: habe ich irgend etwas getan, sie oder ihn hinauszutreiben? Das Schuld*gefühl* ist sozusagen ein Rückscheinwerfer der Erfahrung des Scheiterns und sagt allein als Gefühl noch nichts im moralischen Sinne darüber aus, wieweit ich schuldig bin oder nicht. Schuldgefühle können falsch sein, sie bedürfen der Aufklärung in der Gewissenssorge um mich selbst. Diffus sind die Gefühle auch deswegen – das hängt mit der Undurchdringlichkeit des „Warum" zusammen –, weil *die Verflechtung von Fehlentwicklung und Fehlentscheidung* – ein Teil des Scheiterns ist Fehlentwicklung, ein Teil ist Fehlentscheidung – an der ich als Scheiternder teilgenommen habe, im nachhinein nicht wieder aufzulösen ist. Es läßt sich nur teilweise sagen: der eine Faktor war ich, das andere waren die Umstände und der andere Faktor warst du. Das Geflecht von Fehlentwicklung und Fehlentscheidung muß ich irgendwann einmal akzeptieren. Ich kann den Teppich, dessen Knoten ineinander verschlungen sind, nicht wieder in einzelne Fäden auflösen, auch wenn ich einige dunkle Farben als Spur verfolgen kann.

Objektiv macht die Verflechtung von Fehlentwicklung und

Fehlentscheidung das Diffuse bei den Schuldgefühlen aus. Es handelt sich beim Scheitern des angestrebten richtigen Lebensentwurfes um eine Mischung von objektiver und subjektiver Schuld. In der Ethik sprechen wir von objektiver Schuld, wo eine Handlung oder ein Zustand eingesehenen und anerkannten Normen nicht entspricht. Wenn ich z. B. nicht die Wahrheit sage, obwohl ich an sich die Norm akzeptiere, daß man zwischen Menschen aufrichtig sein soll, ist dies eine objektive Schuld. Auf der anderen Seite steht die subjektive Anrechenbarkeit, die eine Schuld erst zu einer Schuld macht. Daß ich gegen eine Norm verstoßen habe, das allein macht noch nicht die Schuld aus. Die subjektive Schuld entsteht erst dadurch, daß ich mich vor meinem Gewissen unausweichlich als schuldig anerkennen muß. Das ist nicht immer der Fall. Wie kann ich im nachhinein in einer Beziehung die Probleme der Zurechenbarkeit auflösen?

Die Unterscheidung von objektiver und subjektiver Schuld sowie die Einsicht in die Mischung von Fehlentwicklung und Fehlentscheidung führen zu den folgenden vier Fragen, die kaum oder selten gestellt werden:

Kann Schuld eindeutig sein?
Stellen wir uns ein Beispiel vor: Eine Frau zerstört ihre Ehe systematisch, indem sie selber eine neue Beziehung kaschiert und den Ehemann absichtlich in eine offensichtliche Untreue hineinmanövriert, um damit sozusagen eine „Waffe" in der Hand zu haben, über seine Schuldgefühle die Beziehung zum Scheitern zu bringen. Selbst in einer so eindeutigen Situation, in der objektive Fehlhandlungen vorliegen, läßt sich nicht ermessen, wie sehr sie durch Fehlentwicklungen bedingt war. Selbst in diesem Falle vermuteter subjektiver Schuld ist schwer zu ermessen, wie Ursache und Wirkung wirklich zusammenhängen. Das Vorhandensein von Schuld löst die Mehrdeutigkeit der Schuld am Scheitern nicht auf.

Muß Schuld personalisiert werden?
Muß es denn letztlich die einzelne Person sein, der das Scheitern zurechenbar ist? Nach unserer Erfahrung ist dies nicht der Fall.

Nur einzelne Schuld läßt sich einzeln zuweisen. Die komplexe Beziehungsschuld ist vom Wechselspiel von Aktion und Reaktion so durchsetzt, daß das Scheitern im ganzen nicht aufrechenbar und zurechenbar ist. Auch in religiöser Perspektive muß das nicht so sein. In Joh 7, 8–11 behandelt Jesus die Frage der Zurechenbarkeit der gescheiterten Beziehung einer Ehebrecherin, die gesteinigt werden soll. Er schlägt vor, eine solche objektive Schuld zum Anlaß zu nehmen, darüber nachzudenken, inwieweit wir selbst anderen gegenüber in Schuld stehen. Nur wer ohne Schuld ist, kann es sich leisten, etwas eindeutig zuzurechnen, präziser zu personalisieren. Aber „niemand ist gut als Gott allein". Jesus verhindert also die Steinigung. Er erwirkt Strafbefreiung. Darüber hinaus sagt er: „So will auch ich dich nicht verurteilen."

Muß Schuld objektiviert werden?
Wir alle neigen dazu, die eigenen Anteile an der Schuld abzuspalten. Wir verwechseln unsere Verletzlichkeit in der Liebe mit der Zurechenbarkeit der Schuld beim Geliebten. Je größer die Verletzung, desto größer die Zuweisung an Schuld an den anderen, desto größer die Verdrängung der eigenen Schuld, desto stärker die Bestrafungswut. Umgekehrt kann aber auch die eigene Bestrafung zur Entlastung von der eigenen Schuld gesucht werden. Der Zwang, Schuld zu objektivieren, tritt überall da auf, wo Sanktionen (Strafen, Bußen) verhängt werden sollen. Die Bußbücher des Mittelalters sind dafür ein Beispiel, das bis in die heutige katholische Kirche hineinreicht. Dorothee Sölle stellt das Problem in bezug auf die reformierte Kirche dar, nach calvinischen Texten. Dort gibt es ein sadistisches Verständnis von Leiden und Strafen, das in drei Sätzen zum Ausdruck kommt, die in allen sadistischen Theologien wiederkehren: „1. Gott ist der allmächtige Lenker der Welt, der alles Leid verhängt. 2. Gott handelt nicht grundlos, sondern gerecht. 3. Alles Leiden ist Strafe für die Sünde." Manche wurden vielleicht in dieser Art von sadistischem Glaubensverständnis erzogen. Die Suche nach angemesseneren Strafen für die Sünde führt zur Objektivierung der Sünde. Man muß die objektive Normwidrigkeit herausfiltern, dann hat man die eigentliche Erklärung für das Scheitern und das entsprechende Leiden, das

daraus resultiert. In der Tat, eine Moraldoktrin, wie sie in der Kirche gelehrt wird, lebt davon, daß man alle Schuld theoretisch objektivieren kann. Es gibt objektiv schlechte Handlungen; wenn man sie tut, ist alles im Leben falsch.

Muß Schuld ihre Strafe finden?
Wie stark Strafphantasien wirksam werden können, möchte ich an einem Beispiel verdeutlichen. Es stammt aus dem kirchlichen Bereich, zeigt aber eine Struktur, die überall wirksam werden kann. In der Diözesansynode Rottenburg (1985/86) wurde auch die Frage der wiederverheirateten Geschiedenen behandelt und nach einer pastoralen Lösung, die römische Doktrin im Einzelfall anzuwenden, gesucht. Welche Grenze sollte für eine solche pastorale Lösung gelten? Um allzu weitherzige Formulierungen abzubremsen, erzählte der Bischof: Ich habe heute Nacht noch um 12 Uhr einen Anruf von einer von ihrem Mann verlassenen Frau bekommen. Sie hat darauf bestanden: die „pastorale Lösung" darf die wiederverheirateten Geschiedenen nicht „rechtfertigen". Warum? Diese Frau war von ihrem jetzt wiederverheirateten Mann verlassen worden, lebte mit ihren Kindern allein und dachte: wenn jetzt auch noch die Kirche aufhört, diese Ehebrecher zu bestrafen, dann ist alles aus. Und sie drohte dem Bischof, daß sie ihre Kinder aus dem Religionsunterricht herausnehmen und nicht zur Erstkommunion gehen lasse.

Hinter diesem Erpressungsversuch steckt die Bestrafungswut. Sie ist subjektiv verstehbar, aber ethisch nicht als Argument zu gebrauchen. Daß dies ein ansonsten pastoral offener Bischof tat, war ein Zeichen für die ethische Bewußtseinsverbildung, die durch das doktrinäre Wesen in der katholischen Kirche gang und gäbe ist. Denn gerade der christliche Umgang mit der Ethik soll nicht im Gericht bestehen, sondern in der Hilfe zur Selbst-Diagnose und im guten Rat zur Gestaltung eines beeinträchtigten Lebens.

Keine Erfahrung des Scheiterns ist gleich.
Diese Erkenntnis wurde mir in den Geschichten, die von geschiedenen Frauen erzählt wurden, deutlich.

Warum sind die Erfahrungen nicht gleich? Die biographischen, die familiären und die sozialen Bedingungen sind verschieden. In einer besseren sozialen Situation, etwa als Frau in finanziell gesicherten Umständen oder mit einem Beruf, wird Scheitern anders erfahren als in einer schlechteren sozialen Situation. Auch die Intensität der Erfahrung des Scheiterns ist unterschiedlich, je nach den menschlichen Umständen einer Biographie und je nach den sozialen Rahmenbedingungen.

Die Skala des Negativen ist in der Erfahrung unendlich. Sie kann soweit reichen, daß nicht nur der „Beziehungstod" stattfindet, sondern daß der Beziehungstod zum psychischen Mord wird. Die Erfahrung des Scheiterns ist zwar nirgends gleich, aber sie ist weiter verbreitet, als Mann oder Frau normalerweise glauben. Wir müssen im Auge behalten, daß auch der frühe Tod des Partners einen Lebensentwurf zerreißt. Das Zerreißen eines Lebensentwurfs wird mit der gleichen Intensität erlebt, wenn z. B. einer Frau der Mann in den Vierzigern durch Krebs hinweggerafft wird. Wenn man sich eine gemeinsame Zukunft erträumt; wenn beide davon ausgehen: wir lieben uns und wir wollen gemeinsam alt werden, dann ist das ein nur schwer zu überwindender Schock.

Niemand scheitert für sich allein.
Niemand scheitert in einer Beziehung für sich allein. Wer verantwortungsbewußt ist, denkt daran: wer scheitert mit mir? Es geht nicht nur um den Gedanken an die Kinder. Der oder die von mir Getrennte scheitert ja mit mir, auch wenn es vielleicht nicht den Anschein hat, weil er oder sie vielleicht in eine neue Beziehung eintritt.

Wenn niemand in einer Beziehung für sich allein scheitert, wie können Mann und Frau sich miteinander darüber verständigen? Sie müßten eigentlich in der Trennung, die die Gemeinsamkeit aufhebt, zugleich auch wieder ein Stück Gemeinsamkeit herausarbeiten, nämlich in der Erfahrung des Scheiterns. Gerade wenn Kinder mit im Spiel sind, ist dies zentral. Denn für die Frage nach einer neuen Basis für den noch anstehenden Teil der Gemeinsamkeit als Eltern wäre es wichtig, sich über die Trennung hinaus in der Gemeinsamkeit des Scheiterns zu verständigen und auch eine Basis der Gemeinsamkeit zu bewahren.

Schließlich ist es nicht nur in diesem Zusammenhang wichtig, das Scheitern des anderen als sein eigenes Leiden zu verstehen oder durch dieses Verständnis für den anderen die Empörung des eigenen Selbstwertgefühls einzuschränken. Es gibt zwar das französische Sprichwort: „tout comprendre c'est tout pardonner" (alles verstehen, heißt alles verzeihen). Das ist eine Gefahr: wenn ich zuviel Verständnis aufbringe, dann kann es sein, daß ich mich selbst bzw. meine Selbstachtung unterdrücke. Es gibt eine Grenze für das Verstehen aus einem berechtigten Selbstwertgefühl heraus. Vieles muß in eine Balance gebracht werden, in diesem Fall das berechtigte Selbstwertgefühl auf der einen und das notwendige Verständnis auf der anderen Seite.

Scheitern heilt nie ganz aus, aber man kann damit leben.
Die Aufarbeitung des Scheiterns ist individuell unterschiedlich. Falsche Hoffnungen und falsche Erwartungen dürfen das Scheitern nicht überdecken, Verdrängungen dürfen nicht zugelassen werden. Aufarbeitung von Scheitern verlangt, daß man/frau die Wunde offen hält, damit sie nicht von der Verdrängung infiziert wird. Mann oder Frau sollten die Fähigkeit, Gefühle wahrzunehmen, nicht unterdrücken und die Tiefe des Leidens an sich heranlassen. Freilich: wer will die Grenze richtig ziehen? Aber wichtig wäre, wahrzunehmen, an sich heranzulassen, wenn auch ohne Masochismus und Selbstquälerei. Auch das Nicht-ganz-Ausheilen in einem Leben muß seine Präsenz haben. Erinnern wir uns mit Dorothee Sölle an den hinkenden Jakob, den der Mensch im Scheitern darstellt. Mit der Wunde des Scheiterns leben zu können, setzt voraus, angesichts dieser Situation die richtigen Kompromisse zu schließen, und das ist eine Frage der richtigen Aufarbeitung des Scheiterns.

Erfahrungen des Scheiterns aufarbeiten, aber wie?

Ich meine, es geht darum, folgende Erkenntnisse und Erfahrungen schrittweise zu ermöglichen und zu verfolgen:

- Ich bin ein begrenztes Wesen. (Vielleicht ist es für Männer schwieriger als für Frauen, das zu erfahren.)
- Ich entwickle mich weiter, ich wachse.
- Meine guten Eigenschaften und Handlungen stehen nach der Krise wieder auf; einige entdecke ich erst jetzt.
- Ich kann aus der Einsicht in meine Schuld wiedergeboren werden.
- Ich lerne, Leiden zu bestehen.
- Ich bin ein Mensch, der sich selbst annehmen kann, und ich suche erneut nach dem Sinn meines Lebens.

Ich bin ein begrenztes Wesen. Die Erfahrung des Scheiterns aufzuarbeiten heißt, sich selbst als ein Geschöpf zu entdecken. Das theologische Wort für „ein endliches und begrenztes Wesen sein" heißt „Geschöpf sein", also Nicht-Gott-Sein, keinen Gotteskomplex zu haben, die Allmachtsträume zu beenden, zu akzeptieren, an Tod und Sünden teilzuhaben. Es ist für jeden Menschen so wichtig, sich als begrenztes und letztlich ohnmächtiges Wesen zu erfahren, daß erst in dieser Auseinandersetzung so etwas wie Glaube in einer existentiellen Tiefe überhaupt sichtbar werden kann. Denn christlich im Glauben hoffen heißt, sich selbst in einer letzten Grundpassivität und Ohnmacht zu erfahren. Aufgrund günstiger Prognosen etwas erwarten kann jeder – das aber ist keine Hoffnung, sondern Berechnung. Hoffnung rechnet mit etwas, das auf uns zukommt (die Zu-kunft), ohne durch eine Prognose gedeckt zu sein.

Ich entwickle mich weiter, ich wachse. Es gibt eine äußerliche oder oberflächliche Sicht dieses Prozesses der Weiterentwicklung und des Wachstums, und es gibt eine innere oder tiefere Sicht. Die äußere oder oberflächliche Sicht würde ich mit dem Wort „Häutung" bezeichnen: Das Wesen bleibt sich gleich, es ist ein natürlicher Prozeß, daß die Haut wechselt. Das ist die oberflächliche Sicht. Die Haut liegt an der Oberfläche. Manchmal ist es freilich ein Zeichen von Tiefe, wenn man die Oberfläche nicht vernachlässigt, sondern nach der Wahrheit sucht, die sich auch dort verborgen halten kann.

144

Die eigentliche innere Sicht ist aber die „Wandlung": Ich bleibe schon der- oder dieselbe, aber ich stelle an mir Wandlungen fest, die nur möglich sind, wenn das Wesen eines Menschen bis in die tiefste Schicht hinein erschüttert wird. Die Änderung des Wesens ist das Zeichen für die Gültigkeit der Erfahrung. Aus Erfahrungsberichten von Geschiedenen wird deutlich, daß es zwei Bedeutungen von „Faszination" gibt. „Es fasziniert mich", sagen wir nicht ganz zu Recht auch dann, wenn wir etwas distanziert bewundern. Aber eigentlich gehört zur wirklichen Faszination, daß wir in Erschütterung geraten. Das „Tremendum", das Zittern, gehört zum Faszinosum, und nur dort, wo dies der Fall ist, in der Faszination, aber auch auf der anderen Seite im Leiden geschieht „Wandlung", nicht „Häutung", und Wandlung ist die Bedingung von Wachstum. Häutung bringt nur Variation oder Wiederkehr des Gleichen. Vermutlich scheitert dann die nächste Beziehung ebenso oder nach dem gleichen Muster wie die vorhergehende. Denn das sollten wir bedenken, wenn wir von der Änderung der Orte und der Beziehungen etwas erwarten: wo immer man hingeht, sich selber nimmt man mit.

Die guten Eigenschaften und Handlungen stehen wieder auf.
Dies mag eine Teilwahrheit sein, denn die schlechten Eigenschaften und Handlungen stehen auch wieder auf. Aber es ist eine Teilwahrheit, die gegenüber einem häufig anzutreffenden Defätismus wichtig ist. Es gab im Mittelalter einen Streit darüber: was gilt für die Menschen, die schwer gesündigt haben und dann wieder versöhnt wurden? Wo sind die guten Werke geblieben, die sie als Sünder getan haben? Wenn man im Zustand der Sünde ist, ist nach scholastischer Lehrmeinung kein gutes Werk anrechenbar für das Heil. Fast alle Theologen der Scholastik waren der Ansicht, die guten Werke, die der Sünder tut, sind tot, weil ihm die Gnade fehlt, und ohne die Gnade sind alle Werke nichts. Meister Eckhart hingegen stimmte dieser Auffassung nicht zu. Er betrachtete die Aufarbeitung des Scheiterns zusammen mit dem Lernprozeß, der im Scheitern als Möglichkeit enthalten ist, als ein Wiederauferstehen auch des Guten im vorherigen Leben unter dem Gesetz des Todes, des Lebens, das der Mensch als psychisch Toter, als

Schuldiger gelebt hat. In einem unheilvollen Zustand zu sein, nimmt den Eigenschaften, Haltungen und Taten, die in diesem Zustand entstanden sind, nichts von ihrer Wirkung. Sie stehen mit der Aufarbeitung von Schuld und Scheitern wieder auf, und insofern kann man sagen: die Verwandlung, die dann stattfindet, macht auch aus dem Anteil Schuld, der im Scheitern steckt, so etwas wie die Möglichkeit einer glücklichen Schuld, einer „felix culpa".

Man kann aus der Einsicht in seine Schuld wiedergeboren werden. Die tiefere, zur Umkehr bereite Einsicht in die eigene Schuld nennen wir „Reue". Obwohl das Wort als Hauptwort einen gewichtigen religiösen Beiklang hat, ist die Sache doch zunächst nicht religiös, sondern einfach menschlich. Die innere Sammlung wendet uns um, wird zur Quelle der Kraft für einen Neuanfang. Wer ehrlich zu sich selber ist, der gleicht dem Löwen, der sich zum Sprunge erst zusammenzieht, sich duckt, ehe er losschnellt.

„Reue" besagt nicht, daß alle Fragen gelöst werden, indem ich die Schuld personalisiere, objektiviere usw.; Reue kann durchaus die Unauflösbarkeit des Warum mitteinschließen. Wir sprechen bei negativen Handlungen nicht von der Tat, sondern der Un-tat, d. h. von einer Handlung, in der sich das wahre Wesen des tätigen Menschen nicht zeigt. Die Reue bezieht sich auf *meinen* nicht ganz herauszudestillierenden Anteil am Scheitern, und darin ist eine Wiedergeburt möglich, wie sie etwa Adalbert Stifter in seiner Erzählung „Brigitta" geschildert hat: der gescheiterte Mann weiß darum, daß *er* seine Frau 15 Jahre in die Einsamkeit getrieben hat, obwohl *sie* es war, die ihn verließ. Er hatte eine Frau, die nach oberflächlicher Einschätzung häßlich war, um einer Schönheit willen verlassen, und die Frau war 15 Jahre in ihrem verletzten Selbstgefühl unfähig, ihm das zu verzeihen. Beide bekennen ihre Schuld voreinander (im Deutsch des 19. Jahrhunderts, dessen Pathos uns die Aussage ein wenig verfremdet): „‚Arme, arme Gattin, sagte er beklommen, 15 Jahre mußte ich dich entbehren, 15 Jahre warst du geopfert.' Sie aber faltete die Hände und sagte wissend, in sein Antlitz blickend: ‚Ich habe gefehlt, verzeih mir Stefan, die

Sünde des Stolzes!'" Beide haben ihren Anteil des Schuldigwerdens eingebracht, und nur daraufhin geschieht die Wiedergeburt. Alles, was auf diese Weise durch die Reue wiedergeboren wird, steht wieder auf, und es ist mehr, als es vorher war. In diesem Fall handelt es sich um die Heilung einer Ehe, aber es muß nicht allein auf diesem Wege geschehen.

Lernen, Leiden zu bestehen.
Eine Antwort auf die schwierige Frage des Leidenkönnens kann ich hier nur andeuten. Wir stehen vor der Schwierigkeit, daß der älteren Generation noch beigebracht wurde: Leid muß man ertragen, vielleicht sogar erflehen, es ist ganz gut, daß man die Welt als Jammertal kennenlernt, um so mehr lernt man das ewige Heil schätzen. Daneben gibt es die Auffassung: Leiden muß eingebracht werden, integriert werden, ich muß es vor Gott tragen, ich muß es in die positiven Erfahrungen meines Lebens mitaufnehmen. Demgegenüber steht eine dritte Einstellung: ich muß mich freimachen vom Leid, ich muß die Ursache des Leides möglichst zu beseitigen versuchen, mich davon lösen.

Ertragen, integrieren und freimachen: Drei Weisen der Antwort auf die Frage des Leidens. Man kann nicht sagen, daß nur das eine richtig ist und das andere falsch. Wenn man ausschließlich der Meinung ist, man müsse sich vom Leiden frei machen und die Ursachen beseitigen, soweit man es könne, dann erliegt man einem „Problemlösungsdruck", der heute „wissenschaftlich und zeitgemäß" ist. Es gibt, wenn Scheitern nicht heilen kann, auch ein Recht des Ertragens, nur darf man den Punkt des Ertragens nicht so, wie es in der christlichen Tradition oft der Fall war, bis in die masochistische Sehnsucht, das Leiden als „Kreuz" zu verstehen und zu erflehen, übersteigern. Die drei Perspektiven, das Ertragen, das Aufnehmen in das größere Leben und auf der anderen Seite das Sich-frei-Machen davon, das Dagegen-Kämpfen und die Ursachen beseitigen, müssen unterschieden werden und beieinander bleiben, und jeder Mensch muß für sich selber suchen, wie er sie miteinander abwägt. Das kann man nicht für jede Frau und jeden Mann gleich sagen. Aber alle drei Gesichtspunkte gehören zur Trauerarbeit: was muß ich ertragen, wovon muß ich mich freimachen, was kann ich *integrieren?* Alle drei Fragen gehören zum Lernprozeß des Leidens.

Ich sehe einen großen Unterschied zwischen der christlichen und der griechischen Welt, die beide am Anfang unserer Kultur stehen: Der Christ ist nicht Herakles, der für Atlas die Welt auf die Schultern nimmt. Er ist nicht der „Held". „Mir nach, spricht Christus unser Held, / verleugnet euch, verlaßt die Welt / nehmt euer Kreuz auf euch...", das ist eine falsche christliche Spiritualität im Kirchenlied. Erich Fromm hat in „Haben oder Sein" festgestellt: leider hat der griechische Held über den christlichen Märtyrer, also über den Zeugen der göttlichen Liebe, gesiegt.

Das Christentum versteht Leiden und Scheitern letztlich nicht als heldische Tragik des Daseins. Gegenüber der Tragik des Daseins gibt es nur eine richtige Haltung: das ist das Trauern, die Trauerarbeit. Das Christentum aber spricht von der *Solidarität* des Kreuzes, in der Gott sich als der mit der Liebe Leidende zu erkennen gibt, sich als Liebender offenbart, indem er als wahrer Mensch an meinem Schicksal teilnimmt, es mitträgt. Daher überwiegt auch im christlichen Leiden-Lernen die Hinaufhebung des Leidens, nicht sein Hinabdrücken unter ein Kreuz, das fälschlicherweise als Joch der christlichen Existenz statt als Hilfe Gottes verstanden wird, die das Joch auf unseren Schultern, das wir selbst angefertigt haben, mitträgt.

Zu schnell vom „Kreuz" zu reden, kann zur Unterdrückung des Widerstandes gegen das Leiden oder zum billigen Trost werden. Darum ist es besser, wenn wir die Balance zwischen Kampf und Gelassenheit, Widerstand und Loslösung ganz konkret ins Auge fassen. Wir müssen zu lernen versuchen, wann wir sinnvoll kämpfen und wann wir die Gewalt des Leidensdruckes durch Loslösen unterlaufen. Die Kunst, Leiden zu bestehen, hat etwas mit der Kunst des gewaltlosen Widerstandes zu tun.

Ich erfahre mich als abhängiger und angewiesener Mensch und lerne, worauf es eigentlich ankommt.

Der Psychologe und Theologe Jacques Pohier stellt in seinem Buch „Wenn ich Gott sage" fest: „Wer nicht aufsteht, steht auch nicht auf". Der Gedanke der „Auferstehung" hat demnach auch

etwas mit „Aufstand" zu tun, meint Pohier. Wer nicht „aufstän-
disch" sei, stehe auch nicht auf. Es geht also nicht nur darum, die
Grundpassivität im Auge zu behalten, von der wir sprachen. Es
gibt freilich eine letzte Grundpassivität: ich erfahre mich als ange-
wiesen und abhängig, d. h. ich bin heilsbedürftig.

Werfen wir noch einen Blick auf eine Geschichte in der Bibel,
die dazu etwas zu sagen hat. Im 4. Kap. des Johannesevangeliums
wird die Geschichte der Begegnung Jesu mit der Samariterin erzählt. Jesus sagt der Samariterin: „Fünf Männer hast du gehabt,
und der, den du jetzt hast, ist nicht dein Mann." Für bürgerliche
Ohren scheint es so, als moralisiere der johanneische Jesus diese
Frau, aber davon ist keine Rede. Und die Frau empfindet das auch
nicht so. Sie sagt: du hast recht, du bist ein Prophet, wenn du solches weißt. Worauf kommt es also an? Es kommt darauf an, nicht
zu urteilen. Jesus kommt der Frau überhaupt nicht mit Urteilen
oder mit Moraldiagnosen, sondern er redet davon, daß die Zeit
kommen wird, wo alle in Jerusalem wie in Samaria Gott anbeten
werden. Alle sind auf verschiedene Weise bedürftig. Er redet von
der allgemeinen Heilsbedürftigkeit und von der angebotenen
Heilsmöglichkeit. Er sagt nicht: du bist eine Sünderin, bekehre
dich erst einmal. Erst bereue, was du bisher getan hast, dann
werde ich dir helfen. Und dann hast du Anteil am Gottesreich.
Jesus hat gleichsam die Moral „vergessen". Offensichtlich passiert
ihm das ständig, wenn er mit Sündern ißt, trinkt, plaudert, unbe-
fangen, offen. Es ist wichtig, daß wir das Neue Testament einmal
trotz seiner eifrigen Moralisierung durch Aufklärer, Prediger und
linke Kritiker nicht moralisch lesen. Denn es ist uns oft nur in
Moral übersetzt worden, statt in Glauben. Die richtige Erkenntnis
ist, daß ich mich als heilsbedürftiger Mensch erfahren kann, ohne
daß ich mir damit nur eine moralische Diagnose stelle. Die frohe
Botschaft der Versöhnung tritt an die Stelle der Diagnose des moralischen Gesetzes. Und darum: ein neues Leben entsteht aus dem
Scheitern.

Die Ausgangssituation ist verschieden.
Zunächst muß man sich bewußt machen, wie verschieden die Ausgangssituationen sind. Die allgemeine Beschreibung eines Wiederbeginns ist fast unmöglich. In einer neuen Beziehung zu leben, die neue Ansprüche stellt, kann z. B. eine Ausgangssituation sein. Allein zu leben und neue Verantwortung zu übernehmen, ist eine ganz andere. Kinder und die Verschiedenheit ihrer Art und ihres Alters verändern die Situation ebenfalls gravierend. Weil die Ausgangspositionen verschieden sind, sind auch die Möglichkeiten des neuen Lebens verschieden. Leben bedeutet für die Menschen, je nachdem, wie sie es leben und erleben, etwas ganz Verschiedenes. Es ist immer bedenklich, wenn vom Leben schlechthin und damit abstrakt gesprochen wird. Das Leben ist nicht das gleiche, das Leiden ist nicht das gleiche, das Scheitern ist nicht das gleiche.

Die Möglichkeiten sind verschieden.
Eine Frau will z. B. eine neue Beziehung, aber dieser Wiederbeginn ist ihr nicht möglich. In der Liebesgeschichte von Tristan und Isolde, besonders in der Begegnung zwischen Isolde Weißhand und Tristan, wird genau das für den Mann geschildert: ein Wiederbeginn ist nicht möglich. Der Tristan, der nach der Verbannung und der Trennung von Isolde der Blonden nun Isolde Weißhand begegnet, ist einfach psychisch und physisch in dieser Hinsicht unfähig zum neuen Leben. Der Tristan, dessen Namen von der „tristesse" kommt, kennt die Leichtigkeit der neuen Liebesfreude nicht. Das ist ein Modell für *eine* mögliche Erfahrung.

Ein zweites Modell: eine Frau *will* keine neue Beziehung. Sie übt sich in die Kunst des Alleinseins ein, ohne den Mangel an Beziehung auf ihre Kinder zu projizieren. Ein drittes Modell: ich werde *offen* für einen neuen Prozeß der Beziehungen in meinem Leben. Die Möglichkeiten sind so verschieden, daß nicht zu sagen ist, was allgemein gilt, was allgemein zu raten wäre. Es gilt zu lernen, daß das neue Leben mit Solidarität erfolgen soll, es ist immer gut, wenn die Betroffenen miteinander solidarisch sind. Aber es gilt auch zu lernen, Autonomie, Selbstgesetzlichkeit, Selbstbestimmung zu finden. Was vor dem Scheitern nicht gelernt wurde, fällt im Scheitern um so schwerer: zu erfassen, auf welchen Weg das neue Leben führt.

So verschieden die Situationen sind, eines ist gemeinsam: *In jedem Fall können Gescheiterte bewußter leben, das Leben aktiv verlebendigen.* Verlebendigung des Lebens besagt nichts anderes, als daß die Erfahrung der Intensität des Lebens stärker wird. Das Leben zu verlebendigen ist dort möglich, wo die Kontraste schärfer sind, und im Scheitern sind die Kontraste schärfer.

Das Leben zu verlebendigen und bewußter zu leben wird möglich, wo Kontakte möglich werden. In vielen Fällen werden ja aufgrund des Neubeginns im Scheitern neue Kontakte *notwendig:* als Alleinerziehende in einer Bezugsgruppe; in neuen beruflichen Situationen. Dazu braucht es freilich die Erfahrung der Solidarität. Wenn ich bewußter lebe, das Leben verlebendigen möchte, dann müßte ich schließlich versuchen, meine eigene Identität „tiefer" zu verankern. Ich würde versuchen zu sehen, was sich *hinter* meiner eigenen Identität verbirgt. Darüber ließe sich theologisch einiges ausführen: über das Verhältnis von „wenn ich ‚Ich' sage" und „wenn ich Gott sage". „Gott wirkt, und ich werde", sagt Meister Eckhart zu dieser Vertiefung der Selbsterkenntnis.

Ist die Wiederverheiratung moralisch zu rechtfertigen?
Es gibt eine Grenze für die Realität der Ehe. Diese Grenze liegt in dem Nicht-mehr-Können der Eheleute, und sie muß nach ethischen Kriterien verantwortet werden. Wer im Gewissen erfährt, daß er trotz *unendlich* vieler Versuche, seine Beziehung zu erneuern, letztlich nicht mehr kann, der ist auch darin gerechtfertigt, dieses Nicht-mehr-Können zu leben. Im übrigen gehört dazu, daß man von vornherein die Ehe als Prozeß sieht. Den besseren Zugang zur Ehe findet derjenige, der die Ehe zunächst einmal als „Entwurf" begreift und damit rechnet, daß Lebensentwürfe zerrissen werden, auch wenn er und sie alles dazu tun, die Ehe für das ganze Leben zu realisieren.

Welchen Sinn macht meine Geschichte, die Geschichte meines Scheiterns, die Geschichte zweier Beziehungen hintereinander, denn ich bin ja in meiner für einzig gehaltenen Vorzugsliebe gescheitert? Und ich bin jemand, der die totale Offenheit nicht leisten kann für alle, diese universale Nächstenliebe, die dann bis zur Verwässerung führt, wenn sie nach Beethoven und Schiller „Seid umschlungen Millionen, diesen Kuß der ganzen Welt," bedeuten sollte. Die ganze Welt zu umarmen, das ist eine schöne Stimmung. Ein Allgefühl mag befriedigend sein, aber wenn wir es realisieren wollen, werden wir wieder nüchtern. Es gibt Grenzen der Offenheit, es gibt auf der anderen Seite auch Grenzen der Vorzugsliebe. Gerade das wird im Scheitern deutlich: jetzt ist dieser Lebensentwurf, in dem die Vorzugsliebe so sehr zum Zuge kommt, zerrissen. Ich brauche die Vorzugsliebe jedoch, genau so, wie sie ein anderer braucht, oder wie ich sie von Gott her brauche. In der Auferstehung wird gleichsam offenbar, wie Vorzugsliebe und allgemeine Liebe zueinander gehören. Das heißt, wie ich mit all den Menschen eine neue Gemeinschaft bilde, die ich in dieser Welt nicht miteinander zugleich lieben kann. Denn ich muß immer die einen zuerst lieben und dann die anderen. In der Auferstehung ist also auch mein Scheitern und alles Gute, was ich dennoch erfahren habe in der Beziehung, die zu Ende ging, so geborgen, daß alles Gute wieder aufersteht: für mich, für die beteiligten andern, für alle.

Daß „das Gottesreich nahe ist", heißt bei Jesus von Nazaret: ein Stück dieses Himmels, in dem Vorzugsliebe und Offenheit zueinander gehören, sollte jetzt schon da sein können. Und daher können wir es auch ein Stück weit zu praktizieren und zu erfahren versuchen.

Einen verheißungsvollen Text aus der Offenbarung, Kap. 21, hat D. Sölle ihrem Buch „Leiden" vorangestellt:

„Siehe da, die Hütte Gottes bei den Menschen. Er wird bei ihnen wohnen, sie werden sein Volk sein, Gott selbst wird bei ihnen sein. Und er wird alle Tränen abwischen von ihren Augen und der Tod wird nicht mehr sein und kein Leid, noch Geschrei, noch

Schmerz wird mehr sein, denn das erste ist vergangen" (Sölle, S. 15).

Neue Chancen für Beziehungen

Verena Kast
Loslassen und sich selber finden
Die Ablösung von den Kindern
Band 4002
Sich loslassen und sich als Erwachsene neu begegnen. Phasen und Chancen im Ablösungsprozeß von den Kindern.

Thomas Schäfer
Mein allerliebstes Haselnüßchen, ich muß dich knacken
Mann und Frau im Märchen
Band 4083
Eine Entdeckungsreise in die Welt vertrauter Geschichten – und zu den märchenhaften Möglichkeiten der Partnerschaft.

Ramon Llull
Das Buch vom Freunde und Geliebten
Übersetzt und herausgegeben von Erika Lorenz
Band 4094
Ein Juwel abendländischer Mystik: „Llull spricht überwältigend schön über die Liebe" (Neue Zürcher Zeitung).

Gunda Schneider
Noch immer weint das Kind in mir
Eine Geschichte von Mißbrauch, Gewalt und neuer Hoffnung
Mit einem Nachwort von Irene Johns
Band 4097
Alle haben es gemerkt und jeder hat geschwiegen – auch Gunda selbst. Erst die erwachsene Frau kann die Erfahrung des Inzests in Worte fassen.

Rüdiger Rogoll
Nimm mich, wie ich bin
Lieben und Lassen in der Partnerschaft
Band 4102
Rüdiger Rogoll entwirrt die komplizierten Regeln von Psychospielen in der engen Beziehung zwischen Menschen.

HERDER / SPEKTRUM

Julie und Dorothy Firman
Lieben, ohne festzuhalten
Töchter und Mütter
Band 4117

Ein einfühlsames, ehrliches Buch für ein geglücktes Verhältnis von
Töchtern und Müttern in allen Phasen des Lebens.

Walter Pacher
Ich will doch nur das Beste für mein Kind
Spielregeln und Übungen nach Gordons Familienkonferenz
Band 4119

Dieses jahrelang erprobte Modell bietet leicht nachvollziehbare Hilfen, die
frischen Wind ins Familienklima bringen.

Rudolf Köster
Was kränkt, macht krank
Seelische Verletzungen erkennen und vermeiden
Band 4122

Rudolf Köster legt die subtilen Mechanismen seelischer Kränkung offen
und deckt ihre psychosomatischen Folgen auf.

Thea Bauriedl
Wege aus der Gewalt
Analyse von Beziehungen
Band 4129

Die bekannte Psychoanalytikerin entlarvt die Ursachen aller Aggression.
Ein Buch, das hilft, Konflikte zu verstehen und zu bewältigen.

Gisela Steineckert
Aus der Reihe tanzen
Ach Mama! Ach Tochter!
Band 4147

Gisela Steineckert spürt der besonderen Beziehung von Frauen nach. Ein
engagiertes Stück Literatur gegen jede Form von Anpassung.

HERDER / SPEKTRUM

Für ein bewußtes Leben

Richard Lamerton
Sterbenden Freund sein
Helfen in der letzten Lebensphase
Vorwort von Paul Türks
Band 4004

Lorenz Wachinger
Wie Wunden heilen
Sanfte Wege der Psychotherapie
Band 4009

Die Quintessenz von über 20jähriger therapeutischer Erfahrung: erprobte Hilfen zum gelingenden Leben.

Christine Swientek
Mit 40 depressiv, mit 70 um die Welt
Wie Frauen älter werden
Band 4010

Älterwerden nicht als Last, sondern als Lust und Chance. Frauen erzählen, was dabei zu gewinnen ist.

Elisabeth Lukas
Auch dein Leben hat Sinn
Logotherapeutische Wege zur Gesundung
Vorwort von Viktor E. Frankl
Band 4011

Diagnose: Depression. Was fehlt Menschen, die ohne reale Bedrängnis unter Niedergeschlagenheit und Minderwertigkeitsgefühlen leiden?

Tüchtig oder tot
Die Entsorgung des Leidens
Herausgegeben von Jürgen-Peter Stössel
Band 4012

Wer nur auf die Effektivität des Menschen setzt, grenzt nicht-leistungsfähiges Lebens aus. Die Konsequenz ist brutal und brisant.

HERDER / SPEKTRUM

Elfriede Mosenthin
Am Ende bleibt die Menschlichkeit
Als Nachtschwester auf der Pflegestation
Band 4015

Erfahrungen vom Schicksalhaften und Schönen, von Rücksichtslosigkeit und anrührender Wärme. Ein Zeugnis engagierter Menschlichkeit.

Dietmar und Irene Mieth
Schwangerschaftsabbruch
Die Herausforderung und die Alternativen
Band 4016

"Das Autorenpaar zeigt die Schwierigkeiten ungewollt Schwangerer auf, um dann mit Leidenschaft Lösungen anzubieten" (Weltbild).

Hildegard von Bingen
Heilwissen
Von den Ursachen und der Behandlung von Krankheiten
Übersetzt und herausgegeben von Manfred Pawlik
Band 4050

Ein Klassiker der sanften Medizin, heute aktueller denn je: alle Ratschläge der genialen heilkundigen Frau in einem Band.

Christian Michel/Felix Novak
Kleines Psychologisches Wörterbuch
Erweiterte und aktualisierte Neuausgabe
Band 4054

Kompakte Informationen und hilfreiche Anregungen für das Verstehen psychologischer Vorgänge im Alltag, für Arbeit und Studium.

Werner Rautenberg/Rüdiger Rogoll
Werde, der du werden kannst
Persönlichkeitsentfaltung durch Transaktionsanalyse
Band 4062

Dieses Buch hilft, die eigene Lebensgeschichte zu entziffern und alle Möglichkeiten zur persönlichen Entfaltung zu nutzen.

HERDER / SPEKTRUM

Viktor E. Frankl
Psychotherapie für den Alltag
Band 4072

Sinn gibt es nicht auf Rezept. Jeder muß ihn für sein Leben selber suchen.
Einsichten zu den großen Themen des Lebens.

Chérie Carter-Scott
Negaholiker
Das Rettungsbuch für alle Schwarzseher und notorischen
Pessimisten
Band 4075

Das praktische Selbsthilfeprogramm für alle, die sich weniger zutrauen, als
sie wirklich können. Ein wahrer Lichtblick.

Paul Sporken
Mein Weg zurück ins Leben
Krankheit und Alter bejahen
Band 4078

Stationen des Kampfes um ein gelingendes Leben – wider die Mutlosigkeit,
trotz Alter und Krankheit.

Koni Nordmann/Heiko Sobel
"Ich kann nicht mehr leben, wie ihr Negativen"
AIDS-Zeit
Mit Textbeiträgen von Barbara Lukesch, Catherine Duttweiler,
Gaby Weiss
Band 4082

Hier erhält Aids ein Gesicht, Tragödien bekommen einen Namen. Ein
Buch gegen die Verdrängung, das man nicht so schnell vergißt: sensibel,
aber nicht sentimental.

Knud Eike Buchmann
Die Kunst der Gelassenheit
Im Alltag aus der Mitte leben
Band 4120

Knud Eike Buchmann lehrt die Kunst der Gelassenheit. Ein Buch für
Leute, die die Ruhe weg haben wollen.

HERDER / SPEKTRUM

Walter Sydow
Sisyphos lernt tanzen
Ein Mann geht den Weg der Befreiung
Band 4131
Die Geschichte eines Helden, der lernt, kein Held mehr sein zu müssen.
Ein intelligentes Lese-Vergnügen voll hintergründigem Witz.

Dorothy Corkille Briggs
Selbstvertrauen wirkt Wunder
Wege zu neuem Lebensmut
Band 4134
Praktikable Tips zur Entwicklung eines Selbstwertgefühls, das unabhängig
macht von den vielen quälenden Stolpersteinen im Leben.

Wolfgang G. A. Schmidt
Die alte Heilkunst der Chinesen
Ihre Kultur und ihre Anwendung
Band 4136
Akupunktur, natürliche Heilmittel und das Geheimnis der Chakren neu
entdeckt. Ein Standardwerk der sanften Medizin.

Karlfried Graf Dürckheim
Meditieren – wozu und wie
Band 4158
Geheimnisse erfahren und sich als ganzer Mensch verwandeln. Eines der
reifsten und praktischsten Werke des erfahrenen Meisters.

Elisabeth Lukas
Gesinnung und Gesundheit
Lebenskunst und Heilkunst in der Logotherapie
Band 4172
Ein Buch, das die Balance zwischen Körper, Geist und Seele wiederherstellt.

HERDER / SPEKTRUM